HEMOS VISTO
SU GLORIA

José Manuel Hernández Carracedo

Diseño: Estudio SM

© 2025, José Manuel Hernández Carracedo
© 2025, PPC, Editorial y Distribuidora, SA
   Impresores 2
   Parque Empresarial Prado del Espino
   28660 Boadilla del Monte (Madrid)
   ppcedit@ppc-editorial.com
   www.ppc-editorial.com

ISBN 978-84-288-4243-3
Depósito legal M 210-2025
Impreso en la UE / *Printed in EU*

¡A vosotros os llamo amigos! (Jn 15,15).
A los «Castañar 4.0» y a los «Tajarrabla».

INTRODUCCIÓN

La Biblia presenta al hombre buscando el rostro de Dios: «Tu rostro buscaré, Señor». Es este un deseo del corazón presente en todo hombre: «Oigo en mi corazón: "Buscad mi rostro"». Por eso el orante se pregunta de forma angustiada: «¿Cuándo entraré a ver el rostro de Dios?», y añora tiempos mejores: «Cómo te contemplaba en el santuario, viendo tu fuerza y tu gloria».

Pero, al mismo tiempo, la Escritura nos repite que a Dios no se le puede ver y permanecer vivo (Is 6,1-6). Ni tan siquiera Moisés pudo obtener esa gracia:

> Entonces Moisés exclamó: «Muéstrame tu gloria». Y él le respondió: «Yo haré pasar ante ti toda mi bondad y pronunciaré ante ti el nombre del Señor, pues yo me compadezco de quien quiero y concedo mi favor a quien quiero». Y añadió: «Pero mi rostro no lo puedes ver, porque no puede verlo nadie y quedar con vida». Luego dijo el Señor: «Aquí hay un sitio junto a mí; ponte sobre la roca. Cuando pase mi gloria, te meteré en una hendidura de la roca y te cubriré con mi mano hasta que haya pasado. Después, cuando retire la mano, podrás ver mi espalda, pero mi rostro no lo verás» (Ex 33,18-23).

Sin embargo, a finales del siglo I, un pequeño grupo de personas que sabe que el misterio de Dios es insondable confiesa d e forma sorprendente que ha contemplado la gloria del Unigénito del Padre, que está en el seno del Padre. «A Dios nadie lo ha visto jamás: Dios unigénito, que está en el seno del Padre, es quien lo ha dado a conocer» (Jn 1,18). Y confiesa y reconoce a Jesús de Nazaret como ese Dios Unigénito y Señor. Una fe inaudita, una experiencia nunca vista, y es esta experiencia la que quiere transmitir.

> Lo que existía desde el principio, lo que hemos oído, lo que hemos visto con nuestros propios ojos, lo que contemplamos y palparon nuestras manos acerca del Verbo de la vida; pues la Vida se hizo visible, y nosotros hemos visto, damos testimonio y os anunciamos la vida eterna que estaba junto al Padre y se nos manifestó. Eso que hemos visto y oído os lo anunciamos, para que estéis en comunión con nosotros y nuestra comunión es con el Padre y con su Hijo Jesucristo. Os escribimos esto, para que nuestro gozo sea completo (1 Jn 1,1-4).

En estas páginas queremos rastrear la experiencia de estos grupos cristianos que nos dejaron su testimonio en el evangelio de Juan para que nosotros podamos alcanzar el deseo profundo que sigue latiendo en nuestro corazón: «Ver a Dios».

1

VER EN EL EVANGELIO DE JUAN

Al igual que en español utilizamos expresiones muy parecidas para designar el acto de ver, como, por ejemplo, mirar, contemplar, percibir, observar, también ocurre lo mismo en griego, lengua en la que fue escrito el cuarto evangelio. El evangelista Juan utiliza distintos verbos griegos para la expresión «ver».

Por eso, el significado de «ver» en el evangelio abarca desde el simple observar sensorial a través de los ojos hasta el descubrir la realidad interna de las personas y acontecimientos no perceptibles por el sentido de la vista. Esto hace que en algunas ocasiones podamos descubrir incoherencias en el relato. Al comienzo de su ministerio, Jesús invita a sus discípulos a ver: «Venid y lo veréis», pero al final reprocha a Tomás la necesidad de ver para creer y proclama dichosos a aquellos que crean sin ver (Jn 20,19). En algunas ocasiones, ver es sinónimo de creer o de conocer, pero en otras lleva al rechazo más extremo (12,37). A lo que nunca se refiere Juan es a una visión extraordinaria o a un éxtasis, salvo, tal vez, en una ocasión (1,33-34).

El encuentro de Natanael con Felipe y después con Jesús nos puede ayudar a entender estas diferencias.

Felipe encuentra a Natanael y le dice: «Aquel de quien escribieron Moisés en la Ley y los Profetas lo hemos encontrado: Jesús, hijo de José, de Nazaret». Natanael le replicó: «¿De Nazaret puede salir algo bueno?». Felipe le contestó: «Ven y verás». Vio Jesús que se acercaba Natanael y dijo de él: «Ahí tenéis a un israelita de verdad, en quien no hay engaño». Natanael le contesta: «¿De qué me conoces?». Jesús le responde: «Antes de que Felipe te llamara, cuando estabas debajo de la higuera, te vi». Natanael respondió: «Rabí, tú eres el Hijo de Dios, tú eres el Rey de Israel». Jesús le contestó: «¿Por haberte dicho que te vi debajo de la higuera crees? Has de ver cosas mayores». Y le añadió: «En verdad, en verdad os digo: veréis el cielo abierto y a los ángeles de Dios subir y bajar sobre el Hijo del hombre» (Jn 1,45-51).

El verbo «ver» aparece siete veces. Una en la voz de Felipe, y el resto en los labios de Jesús. En el v. 46, Felipe invita a Natanael a ir a ver a Jesús, que suena como un simple «ver al hijo de José», aunque se puede ampliar a un «comprobar», prometiendo algo más que un simple ver con los ojos. En el versículo siguiente, el narrador nos dice que Jesús «vio venir a Natanael»; parece claro que se refiere a la percepción sensorial de ver, sin más. En cambio, cuando Natanael pide explicaciones a Jesús sobre su afirmación referida a él, Jesús responde: «Te vi». Los lectores intuimos que esa expresión de Jesús no se refiere a una aguda visión a larga distancia, sino a un conocer a la persona en la integridad de su corazón (Jn 2,24-25). Podría ser equivalente a decir: «Te conocía antes de que Felipe te llamase debajo de la higuera». En cambio, Natanael lo entiende como un hecho milagroso de ver a distancia, pues Jesús le quita importancia y le promete «ver cosas mayores». Con esta expresión, Jesús abre la posibilidad de otro tipo de miradas y descubrimientos.

2

EL PRÓLOGO DE LA GLORIA
Jn 1,1-18

Para adentrarse en el relato de Juan hay que atravesar antes por el prólogo, que, a modo de pórtico, nos acoge y nos asombra por su profunda belleza, como nos ocurre ante el pórtico del maestro Mateo en Compostela.

¿Cómo no detenerse antes de adentrarnos en el interior?

Una nueva noticia

El prólogo nos revela una noticia asombrosa: ¡por fin el hombre puede alcanzar su vocación! ¡Encontrarse con el rostro de Dios!, porque Dios se ha dado a conocer por medio del Dios Unigénito que, estando en el seno del Padre, nos lo ha contado. ¿Cómo ha sido posible esta novedad? Porque el Dios Unigénito se ha hecho carne abrazando la vida de los hombres en su flaqueza y su debilidad. Lo divino se ha humanizado, lo eterno se ha hecho efímero, el poderoso se ha hecho frágil, el que vive desde siempre se ha hecho mortal: «Y el Verbo se hizo carne y habitó entre nosotros, y hemos contemplado su gloria: gloria como del Unigénito del Padre, lleno de gracia y de verdad» (Jn 1,14). El prólogo de Juan narra un éxodo. El Hijo Amado del Padre ha puesto su tienda entre nosotros (1,13). La imagen evoca la tienda de los pastores nómadas y también la tienda del Encuentro del Éxodo, porque la Ley vino por Moisés, pero la ternura y la fidelidad han sucedido por Jesucristo. Así aparece como una oferta de gracia, de amor gratuito y fiel. El Logos divino no se limitó a vivir entre nosotros, a cambiar de lugar; se puede poner la choza en medio de los pobres y seguir siendo rico; sin embargo, bajó y se despojó para enriquecernos con su pobreza: «Pues conocéis la gracia de nuestro Señor Jesucristo, el cual, siendo rico, se hizo pobre por vosotros para enriqueceros con su pobreza» (2 Cor 8,9). No se puede amar sin compartir, el amor exige bajar para compartir en un admirable intercambio. El Logos encarnado, Jesús, es el abrazo de Dios a la humanidad en él y hace posible que contemplemos su gloria. Abrazando a su Hijo encarnado nos ha abrazado a nosotros incorporándonos a él para que nos encaminemos a la casa del Padre.

Repensando la gloria

Es en esa carne donde los creyentes confiesan que han visto la gloria del Unigénito, Hijo del Padre. Pero ¿qué es la gloria? Las personas utilizamos esta palabra habitualmente para referirnos a acontecimientos llenos de esplendor y de brillo, asociamos la gloria al éxito personal, social o económico. Pero no es ese su primer significado en la Escritura. Tras la palabra griega «gloria» *(dóxa)* aparece la palabra hebrea *kabōd*, que significa «peso», «lo que pesa». Es decir, la gloria es aquello que da peso a una persona, lo que le da consistencia y lo define y se muestra al exterior y es reconocido como honor. Los que cantan el himno han descubierto que lo que da peso, lo que define a Jesús, su verdadera identidad, es ser Hijo Unigénito. Que conoce al Padre y lo puede revelar. Por eso han visto y escuchado al Dios Unigénito.

Porque se ha manifestado la gracia de Dios

La gloria que se manifiesta en la carne es gracia y es verdad. Estos dos términos hacen resonar los atributos que Dios mismo reveló a Moisés en el Éxodo: «El Señor pasó ante él proclamando: "Señor, Señor, Dios compasivo y misericordioso, lento a la ira y rico en clemencia y lealtad"» (Ex 34,6). Jesús es la clemencia de Dios y su fidelidad inquebrantable. Por eso los que ya conocían las Escrituras se descubren agraciados nuevamente, han recibido gracia sobre gracia. La Ley es gracia, don de Dios que señala un camino, pero imposible de realizar para el hombre frágil en su voluntad. Ahora sí, Jesús no solo trae una revelación, sino que la realiza y la ofrece a los que creen en él.

Y eso trae consecuencias para su vida: se convierten en hijos de Dios, alcanzan una relación plena y lograda con el Padre y su existencia se llena de vida y de luz, la que ofrece el Dios Unigénito, por medio de la fe.

El prólogo nos ofrece varias claves para adentrarnos en el relato evangélico. Dios se ha revelado de forma plena en la carne del Hijo Unigénito, del que dan testimonio todas las Escrituras, por eso los hombres alcanzan la salvación, la vida y la luz, gracias a la misericordia y lealtad que el Hijo entrega, pues esa dicha no se alcanza por la sangre ni por la carne.

Aclamación

Existiendo en el rostro del Hijo Amado[1]

Señor Jesús, alabado y glorificado seas
  por siempre.
Tú eres el Hijo amado del Padre.
Tú eres su mismo rostro vuelto a nosotros.
El Padre se nos ha dado por entero en ti mismo.
El Padre nos abrazó en ti.
En el abrazo del Espíritu nos incorporó a ti.

---

[1] M. LEGIDO / E. ARRANZ / R. MARTÍN, *Evangelio a los pobres* II. Salamanca, Sígueme, 1987, p. 110. Se puede descargar gratuitamente en https://marcelinolegido.es/wp-content/uploads/2023/05/Evangelio_a_los_pobres_II.pdf.

Quería que existiéramos en ti, como familia
  de hermanos,
encabezada por ti a la mesa común.
Te vaciaste de ti mismo, te volviste a nosotros
  en absoluta libertad.
Nosotros ambicionábamos apoderarnos del ser
  que no era nuestro.
Tú, en cambio, renuncias y te despojas del ser que
  es tuyo.
Jesús, tú eres el Cristo, tú eres el Señor, para gloria
  de Dios Padre.

3

EL GRUPO DE DISCÍPULOS
Jn, 1,19-2,11

El proceso de formación del grupo de amigos de Jesús está lleno de encuentros entre personas que ven y son vistas. Juan Bautista da testimonio ante los judíos de que ha visto al Elegido de Dios, sobre el que ha descendido el Espíritu Santo (Jn 1,33-34). Tal vez esta sea la única visión extraordinaria del evangelio. Sin embargo, Juan no revela su identidad a los judíos enviados desde Jerusalén que se han acercado a él de forma inquisitiva (1,19-28). Es al día siguiente cuando Juan ve acercarse a Jesús y se lo señala a sus discípulos como el Cordero de Dios, y ellos inmediatamente le siguen (1,35-36).

Venid y lo veréis

Jesús, al ver que lo seguían, les hace la pregunta fundamental para todo ser humano: «¿Qué buscáis?». Es la primera vez que escuchamos la voz de Jesús en el evangelio, su primera palabra, que es una palabra que se preocupa y ocupa de nosotros, los hombres. Invita a los discípulos a un admirable intercambio. Él quiere escuchar y conocer los latidos del corazón del hombre. Aquellos hombres le contestan con otra pregunta: «¿Dónde vives?». Jesús les invita a ir con él y verlo: «Venid y lo veréis», para escuchar y conocer los latidos del corazón del Hijo. Ellos fueron, se quedaron, y su experiencia fue imborrable; siempre se acordaron de aquella hora en la que entablaron amistad con el Maestro, una experiencia que se alargó y mantuvo en el tiempo que estuvieron con él hasta llegar a ser sus amigos (Jn 15,15).

El grupo se amplía día a día por medio del contacto personal. Andrés conduce a su hermano Simón hasta Jesús, que, fijando en él su mirada, le reconoce y le concede una vocación nueva en su vida: «Tú serás Pedro» (Jn 1,42). Al día siguiente, un nuevo discípulo, Felipe, repite a Natanael la misma invitación que Jesús hizo a Andrés y a su anónimo compañero: «Ven y lo verás» (1,46). Y cara a cara con Jesús, Natanael, subyugado, confiesa torpemente su fe, y Jesús le promete ver cosas mayores.

Por tanto, ver a Dios es posible gracias a su iniciativa exclusiva y libre de él mismo que se hace posible por el testimonio y la invitación de un testigo que ha visto e invita a otros a vivir la misma experiencia. Hay que aceptar ese testimonio y confiadamente entablar una relación de amistad con Jesús en la que él se fija en ti. Una amistad que crece al permanecer con él y cambia la vida del discípulo. Testimonio, confianza, tiempo y amistad son el comienzo para poder confesar: «Hemos visto al Señor».

Veréis cosas mayores

La promesa de Jesús de ver «cosas mayores» se cumple tres días después, a los siete días de la llamada a los primeros discípulos. Jesús y sus compañeros llegan a una boda a Caná, un pequeño pueblo de Galilea. Una boda es un acontecimiento lleno de alegría, donde se celebra el amor humano y la esperanza en la vida. Es también un nuevo comienzo, el inicio de una aventura inédita para los novios.

Este acontecimiento se ve seriamente amenazado por la escasez del vino, que alegra el corazón del hombre. ¡Qué bochorno y vergüenza para los anfitriones si llegase a faltar el vino! Todos recordamos, para bien o para mal, cómo comimos en una boda. Una mala comida o un mal servicio es recordado siempre y pesa en el recuerdo como una losa, sobre todo en los anfitriones. Los novios de Caná y sus familias corrían el riesgo de convertirse para siempre en aquellos «a los que se les había acabado el vino».

Juan se ahorra muchos detalles que a nuestra curiosidad le gustaría conocer: el desasosiego de los anfitriones ante la escasez, las conversaciones furtivas de los sirvientes, sus idas y venidas para comprobar la situación, la inquieta búsqueda de soluciones. Solo nos dice que la madre de Jesús se percata de la situación, seguramente gracias a la mirada atenta de lo que ocurre a su alrededor. Por eso, prácticamente obliga a su hijo a intervenir. Y ahora sí, el autor se detiene en la descripción detallada de las tinajas de piedra de gran tamaño destinadas a los ritos de purificación. Tal vez esto a nosotros no nos parece tan interesante.

Y, cuando Jesús decide actuar, de nuevo el autor no sacia nuestro afán de curioseo, nada nos dice sobre si Jesús hizo tal cosa u otra: ¿rezó?, ¿extendió las manos sobre las tinajas?, ¿exhaló el aliento sobre el agua?, ¿levantó los ojos al cielo?, ¿tocó la piedra de los recipientes? Jesús solo pronuncia tres instrucciones llenas de autoridad: «Llenad», «sacadlo» y «llevadlo al maestresala». Será este último el que nos anuncia que ha sucedido algo nuevo a lo acostumbrado: el vino bueno y nuevo ha llegado al final del banquete garantizando la alegría, librando a los esposos de la vergüenza de por vida, haciendo posible el camino del amor.

Ha llegado el tiempo de la salvación

Al acontecimiento humano de la boda hay que unir las resonancias que este acontecimiento tiene en la Escritura. La imagen de la boda sirve a los profetas para anunciar el tiempo de la salvación y la llegada del mismo Dios, que viene a desposar a su pueblo:

Ya no te llamarán «Abandonada», ni a tu tierra, «Devastada»; a ti te llamarán «Mi predilecta», y a tu tierra, «Desposada», porque el Señor te prefiere a ti, y tu tierra tendrá un esposo. Como un joven se desposa con una doncella, así te desposan tus constructores. Como se regocija el marido con su esposa, se regocija tu Dios contigo (Is 62,4-5).

Así, en la boda de Caná se inaugura el Reino que anuncian los sinópticos (Mc 1,14-15). Ya se puede degustar en la tierra el vino del tiempo final: «Preparará el Señor del universo para todos los pueblos, en este monte, un festín de manjares suculentos, un festín de vinos de solera; manjares exquisitos, vinos refinados» (Is 25,6). ¡El vino que Jesús anunció que bebería en el reino de los cielos ya está servido! (Lc 22,7; Mt 26,29; Mc 14,25). Jesús, entonces, aparece como el novio que viene a desposar a los hombres, como testimonia Juan un poco más adelante en la nunca bien entendida imagen de desatar la sandalia a Jesús (Jn 3,29). Lo que quiere decir Juan es que el esposo no es él, sino Cristo, pues cuando alguien renunciaba a casarse con una mujer a la que tenía derecho a desposar se quitaba voluntariamente la sandalia, como encontramos en el precioso libro de Rut (4,1-8).

Manifestó su gloria

Es el narrador el que informa a los lectores que así Jesús manifestó su gloria, dejó ver su identidad, su verdadero ser; y esto trajo consigo que sus discípulos creyesen en él, dando un paso nuevo en su relación. Creyeron porque vieron su gloria, y es aquí donde el grupo de los amigos de Jesús queda constituido solemnemente en el evangelio de Juan.

«Este fue el primero de los signos que Jesús realizó en Caná de Galilea; así manifestó su gloria y sus discípulos creyeron en él» (Jn 2,11).

El episodio está lleno de símbolos que debemos descifrar. Todo el episodio nos hace centrar la mirada en lo fundamental e importante: el día, la situación, Jesús y el vino. Jesús se manifiesta como aquel que da comienzo y pone en marcha el tiempo nuevo de la alegría y de la vida. Con él, a los tres días, se llega al séptimo día, el día de gozar de la creación y de la vida ofrecida por Dios, que se acoge mediante una nueva relación con él: la fe. De esta forma, la boda de Caná es anticipo de la mañana de la resurrección, que nos traslada a los umbrales del reino de los cielos. Algo que la Ley escrita en piedra, las tinajas, no lograba alcanzar; a lo más llegaba a limpiar la suciedad de nuestra vida, pero no a gozar de la vida y de la relación con Dios Padre. Es Jesús el que nos hace pasar a la vida llena de gozo. De esta forma podemos entender la expresión del prólogo: gracia sobre gracia (Jn 1,16-17).

En la boda de Caná se ha anticipado la boda del Cordero:

Llegó la boda del Cordero, su esposa se ha embellecido, y se le ha concedido vestirse de lino resplandeciente y puro –el lino son las buenas obras de los santos–. Y me dijo: «Escribe: "Bienaventurados los invitados al banquete de bodas del Cordero"». Y añadió: «Estas son palabras verdaderas de Dios» (Ap 19,7-9).

Porque Jesús ha transformado la fiesta de los hombres en el anticipo de la nueva Jerusalén con el vino nuevo y su presencia en medio de ellos:

Y vi la ciudad santa, la nueva Jerusalén que descendía del cielo, de parte de Dios, preparada como una esposa que se ha adornado para su esposo. Y oí una gran voz desde el trono que decía: «He aquí la morada de Dios entre los hombres, y morará entre ellos, y ellos serán su pueblo, y el "Dios con ellos" será su Dios» (Ap 21,2-3).

Porque Jesús ha dado comienzo al cumplimiento del deseo del corazón del hombre:

Y no habrá maldición alguna. Y el trono de Dios y del Cordero estará en ella, y sus siervos le darán culto. Y verán su rostro, y su nombre está sobre sus frentes. Y ya no habrá más noche, y no tienen necesidad de luz de lámpara ni de luz de sol, porque el Señor Dios los iluminará y reinarán por los siglos de los siglos (Ap 22,3-5).

Por eso la vida del hombre se convierte en mantener el deseo de algo cierto y veraz y ya no imposible: «El Espíritu y la esposa dicen: "¡Ven!" Y quien lo oiga, diga: "¡Ven!" Y quien tenga sed que venga. Y quien quiera que tome el agua de la vida gratuitamente» (Ap 20,17).

Los discípulos han visto la gloria de Jesús porque él se la ha revelado en un espacio de fiesta y de fraternidad en medio de la precariedad de este mundo, y así se entabla una relación nueva con él: la fe. El narrador afirma que Jesús ha dejado ver su gloria por medio de un signo, una señal. Nos toca ahora descifrar esta palabra en el relato de Juan.

Aclamación

«Fijos los ojos en Jesús» (Heb 12,2a)[2]

Haznos ver, Señor, la claridad de tu mirada.
Así daremos un rodeo por tus mismos ojos
para abismarnos contigo en las entrañas del Padre.

Con la claridad de tu mirada daremos un rodeo,
como tú nos sugieres, a las cercas,
en donde están tus hermanos,
los más queridos de ti.

---

[2] Poesía no publicada de Marcelino Legido. Se puede descargar en https://marcelinolegido.es/wp-content/uploads/2024/04/Fijos-los-ojos-en-JESUS_Transcripcion.pdf.

Vueltos a ti, nos volveremos contigo a ellos,
y seguro que en este camino de ida y vuelta
nos darás el puñado de hermanos para caminar.

Tú eres el que encabeza la mesa y la marcha.
Tú la cercanía victoriosa, la precedencia incontenible,
el perdón y la paciencia, que no tienen medida.

A ti la gloria y la alabanza por los siglos. Amén.

4

LOS SIGNOS DE JESÚS.
VER SIGNOS

Jn 2,11 parece que aclara mucho el camino para poder ver al Señor: por medio de sus signos. Pero el camino no es tan sencillo ni tan evidente. Tras realizar varios signos en Jerusalén, que no se relatan, el narrador nos da una noticia sorprendente en Jn 2,23-25:

> Mientras estaba en Jerusalén por las fiestas de Pascua, muchos creyeron en su nombre, viendo los signos que hacía; pero Jesús no se confiaba a ellos, porque los conocía a todos y no necesitaba el testimonio de nadie sobre un hombre, porque él sabía lo que hay dentro de cada hombre.

Lo que llama la atención no es el conocimiento interior de las personas que tiene Jesús, sino que no se fiaba de aquellos que habían creído al ver los signos que realizaba. Más tarde, Jesús reprocha al funcionario real, que pide la curación de su hijo, que no crea si no ve signos (Jn 4,48). Incluso la invitación de sus hermanos para que haga signos en Jerusalén es vista como una falta de fe (7,3-5). Y al final del ministerio público de Jesús, el narrador afirma rotundamente que los signos no condujeron a la fe a la gran mayoría de los judíos: «Habiendo hecho tantos signos delante de ellos no creían en él» (12,37).

Pero, por otro lado, Jesús echa en cara a la multitud que se ha saciado con el pan que le han seguido hasta Cafarnaún no porque hayan visto signos, sino porque han comido pan. Al final del evangelio, el autor define sus relatos como una narración de signos para que podamos alcanzar la fe:

> Muchos otros signos, que no están escritos en este libro, hizo Jesús a la vista de los discípulos. Estos han sido escritos para que creáis que Jesús es el Mesías, el Hijo de Dios, y para que, creyendo, tengáis vida en su nombre (Jn 20,30-31).

¿Qué es un signo?

Entonces, ¿en qué quedamos? ¿Ver signos conduce a la fe o no? Para descifrar este enigma debemos caer en la cuenta de que, a diferencia de los otros evangelios, Juan no llama a los hechos portentosos de Jesús milagros, sino signos o señales. Por tanto, debemos tener claro en primer lugar qué es un signo. Por muy sencillo que sea, acudamos al diccionario, y veremos que un signo es un objeto, fenómeno o acción material que por naturaleza o convención representa o sustituye a otra. Entonces lo importante no es el fenómeno material, por muy portentoso que sea, sino aquello o aquel que representa o sustituye algo o a alguien. Cada día vemos innumerables señales de tráfico, de distintas formas geométricas, de diferentes colores y con distintas figuras o cifras en su interior. Los conductores y los peatones, al ver la señal, la desciframos para descubrir su significado: detenerse, no adelantar, prestar atención a los peatones, ceder el paso... Si vemos la señal material y decimos sin más: «Es circular», «hay un ciervo pintado», «es azul», y no la interpretamos, tendremos una circulación accidentada y pondremos en peligro nuestra vida y la de los demás. Por tanto, lo importante no es ver signos, sino saber interpretar su significado.

Dicho esto, volvamos a Jn 2,11 para descubrir la clave que nos descifra los signos de Jesús. Al realizar un signo, lo que Jesús muestra es su gloria, su identidad más profunda, su verdadero ser. Es esa gloria la que los hombres deben ver. Cada signo de Jesús desvela su identidad. No se llega a la fe si no se alcanza a ver esa gloria, es decir, el significado del signo. Aún más claro se lo dice Jesús a Marta un instante antes de devolver la vida a su hermano Lázaro: «Dijo Jesús: "Quitad la losa". Marta, la hermana del muerto, le dijo: "Señor, ya huele mal, porque lleva cuatro días". Jesús le replicó: "¿No te he dicho que si crees verás la gloria de Dios?"» (Jn 12,39-40). Jesús no le dice que verá revivir a su hermano, sino que verá la gloria de Dios, que él manifiesta porque también es la suya.

La ambigüedad de los signos

Jesús no se fía de aquellos judíos que creen porque han visto signos, pero ¿han visto la gloria? Su desconfianza nos permite asegurar que no. Ver un signo puede ser un primer paso para alcanzar la fe, pero no es una fe madura, está llamada a crecer. Los signos, incluso los de Jesús, tienen siempre cierta ambigüedad. Los judíos que participaron de la multiplicación de los panes ni tan siquiera vieron un significado especial en lo ocurrido, solo vieron pan. Tras la curación del paralítico y del ciego de nacimiento, los jefes judíos solo descubren una infracción de la Ley e identifican a Jesús con un pecador. Después de la resurrección de Lázaro, los fariseos descubren en los signos un peligro para la estabilidad política de la nación y la supervivencia del Templo (Jn 11,47-48). Por eso, pedir un signo a Jesús se convierte en un acto de incredulidad o de tentación. Al fin y al cabo, eso es lo que el diablo le pidió en las tentaciones (Mt 4,1-11). Jesús nunca accederá a ello por presiones humanas ni de las autoridades del Templo ni de sus hermanos (Jn 2, 18; 7,3-4), ni tan siquiera de la de un padre angustiado.

Hay que desapegarse de los dones de Dios, por muy buenos que sean, para quedarse solo con Dios (cf. cardenal Van Thuan). En realidad, el pan de la multiplicación de los panes, el vino de la boda de Caná, las piernas del paralítico, los ojos del ciego o la vida de Lázaro pertenecen al ámbito de la carne. El pan y el vino se agotarían, las extremidades del paralítico y los ojos del ciego perderían vitalidad, la salud del hijo del funcionario se quebrantaría y la vida de Lázaro finalizaría, prácticamente estamos seguros de que los judíos mataron a Lázaro (Jn 12,10). La fe que nace del deslumbramiento de los signos, pero no crece, no da la salvación ni la vida eterna.

Los signos del evangelio de Juan

En el evangelio de Juan se pueden identificar claramente siete relatos de signos: la boda de Caná, la curación del hijo del funcionario, la curación del paralítico, la multiplicación de los panes, el camino sobre el lago, la curación de un ciego de nacimiento y la vuelta a la vida de Lázaro. Todos ellos nos revelan la identidad de Jesús, nos muestran quién es Jesús, tanto por la clase de signos que realiza como por su contenido. Tenemos signos de manifestación, signos del don y signos de sanación. Jesús, que es Dios, da la vida y la sana; es el «Señor y dador de vida». Jesús es el novio que ha inaugurado los tiempos de la alegría, unos tiempos nuevos que se acogen en la obediencia a su palabra, como el funcionario real. Pues esta palabra recrea y sana la vida paralizada por el pecado. Una vida que es alimentada y crece gracias al pan vivo que es Jesús. Una existencia que es iluminada por Jesús, verdadera luz, para no ser sofocada por las tinieblas, una vida que no muere para siempre porque es la vida de aquel que es la resurrección y la vida. Jesús es el novio, es juez misericordioso, médico poderoso, alimento verdadero, luz que destruye las tinieblas y vida verdadera.

Este es el significado de los signos: Jesús de Nazaret, el hijo de José, el Hijo Unigénito del Padre, es, al fin y al cabo, el único y verdadero signo. Jesús mismo es el signo del Padre. Así, el relato amplía la mirada más allá de los portentos y de lo que se hace y se dice, para fijarla solo en Jesús. Para ver a Dios hay que ir más allá de lo que ven nuestros ojos. Hay que levantar la mirada para estar abierto a una revelación nueva que viene de lo alto; hay que ahondar la mirada para llegar a la profundidad de lo que muestra la carne; hay que ensanchar la mirada para descubrir las múltiples situaciones en las que Dios se hace presente.

Para finalizar, señalemos que, sorprendentemente, Juan no relata ningún exorcismo, tan presentes en los otros evangelios. ¿No expulsa Jesús demonios en Juan? ¿No hay ningún signo que destruya el poder de Satanás? Volveremos sobre ello más adelante.

Aclamación

Efesios 3,20-21 [3]

Subamos más arriba
hacia la Altura.
Bajemos más abajo
hacia la Hondura.
Vamos, pues, más adelante
hacia la Anchura.
Entrando más adentro
en la Espesura.

---

[3] Aclamación no publicada de Marcelino Legido.

5

NICODEMO, UN HOMBRE DESLUMBRADO POR LA LUZ
Jn 3,1-21

Cuando recibimos una gran luz que nos entra por los ojos, nos deslumbra y nos quedamos como ciegos, sin ver. Justamente esto le pasó a Nicodemo, un fariseo y magistrado judío que ha contemplado los signos que Jesús ha realizado en Jerusalén. Por eso Nicodemo va de noche a ver a Jesús, no solo de forma clandestina, sino porque, deslumbrado, aún no ha llegado a la fe, y el camino de la fe siempre se hace de noche, a oscuras –«De noche iremos, de noche» (Juan de la Cruz)–; en el fondo, Nicodemo está buscando la luz que ilumina y no la que deslumbra.

Nacer de lo alto

Por la respuesta de Jesús podemos imaginar que Nicodemo le ha preguntado cómo se puede entrar en el reino de Dios, al igual que aquel joven rico de la tradición sinóptica (Mc 10,17-22). Jesús le responde que tiene que nacer «de nuevo» o «nacer de lo alto», las dos traducciones son posibles. Ambas afirman que entrar en el reino de los cielos no es una empresa humana. El hombre no puede volver a entrar en el seno de su madre, como razonablemente objeta Nicodemo, y nacer de lo alto solo es posible si Dios toma la iniciativa. ¿Por qué hay que nacer de lo alto? Porque la fe no se sostiene en la capacidad de la carne, que siempre es frágil, efímera y mortal. Jesús enseña a Nicodemo que el nuevo nacimiento se produce gracias al don del Espíritu y el agua. Al nacer del Espíritu y del agua, el hombre adquiere una nueva vida misteriosa y liberada, está en el mundo sin ser del mundo (Jn 17,14-16).

El camino para entrar en el reino de los cielos

Es normal que Nicodemo quiera saber cómo será posible ese nuevo nacimiento. De esta forma confiesa que no conoce el camino para entrar en el reino de Dios. ¡Y es maestro de Israel! ¡Tan perdidos están! Jesús aparece como testigo y enviado. Es testigo de lo que ha visto, que no es otra cosa que a Dios mismo (Jn 1,18), y como su Enviado para que el mundo pueda recibir y conocer el amor que Dios tiene al hombre y a la creación. La respuesta de Jesús está llena de palabras que ya hemos escuchado en el prólogo del relato. Jesús es la luz que, al venir al mundo, denuncia y descubre las tinieblas, y por eso los hombres, encerrados en la oscuridad, lo odian. Jesús es la verdad, la verdad de Dios y la verdad del hombre. El hombre que quiere ser plenamente hombre se acercará a Jesús, que es la luz. Así se entra en el reino de los cielos, que en el evangelio de Juan se llama vida eterna, es decir, plena y dichosa, llena de alegría, no vida interminable.

Para que esto ocurra, Jesús dice que el Hijo del hombre tiene que ser levantado como Moisés levantó la serpiente en el desierto, y así aparecerá el amor de Dios al mundo. La serpiente fue levantada para que todos los que eran mordidos por la serpiente la pudieran ver al mirarla y quedar sanos. La palabra griega utilizada aquí significa «exaltar».

Cuando Jesús sea levantado y le miremos, podremos nacer de lo alto, del agua y del Espíritu, gracias al amor de Dios. ¿Dónde será levantado? ¿Cuándo ocurrirá eso? Estas preguntas no las hace Nicodemo, sino nosotros.

Nicodemo nos enseña que no debemos basar nuestra fe en los signos vistosos y espectaculares. Al fin y al cabo, como hemos visto, son ambiguos, y, en el mejor de los casos, solo el comienzo de la fe, pero no su madurez. Siempre tendremos la tentación del esplendor: el número de personas que participan en nuestras convocatorias, la vistosidad de nuestras celebraciones, la majestuosidad de nuestros ritos rodeados de misterio, el boato de nuestras tradiciones, el grado de emociones vividas; todo ello no es garantía de ver al Señor, y correremos el riesgo de quedar deslumbrados, pero no iluminados.

La historia de la salvación nos enseña que la grandiosidad de las intervenciones de Dios se va reduciendo progresivamente a medida que se acerca la plenitud de los tiempos, en los que Dios envió a su Hijo nacido de mujer (Gál 4,4). En el juego de signo y prodigio, promesa y cumplimiento, asistimos a algo particular: cuando se acerca el cumplimiento, la visibilidad del prodigio disminuye.

La historia de la salvación de Israel comienza con un evento histórico: Dios escucha el clamor del pueblo e interviene en la realidad de muerte que es Egipto (Ex 3,7-10). Evento que es promesa de otro evento de vida: la entrada en la tierra prometida para vivir en la tierra que mana leche y miel, para lo que hay que atravesar el mar Rojo.

El paso del mar Rojo (Ex 14,15-31) es evento de salvación y promesa de otra salvación: la entrada en la tierra prometida (Jos 3,14-17) a través del Jordán (cf. Ex 14,15-28; Jos 3,14-17). Pero la tierra se puede perder. De hecho, se pierde, y el pueblo va al exilio. Ahora la primera promesa se debe cumplir en el retorno. El exilio es nuevo éxodo y nuevo paso del Jordán (Babilonia está al este, se debe pasar el Jordán para entrar en la tierra). El retorno es cumplimiento de la promesa de Jos 3,14-17 y de Ex 14,15-28, y así de todas las promesas de Dios.

En el paso del mar Rojo, el pueblo es guiado por Moisés, el mayor profeta de Israel (Dt 34,10-12). En el paso del Jordán, el pueblo es guiado por Josué, solo un joven valeroso. En la vuelta del exilio nadie encabeza la marcha, no hay líder ni referencia, son ovejas descarriadas, ni siquiera el Templo se puede reconstruir. En el paso del mar Rojo, las aguas se abren y forman una muralla a derecha e izquierda (Ex 14,22). En el paso del Jordán, también las aguas se detienen, pero ya no son las murallas del mar: el agua, a lo sumo, llega a las rodillas. En el retorno, las aguas no se abren, los israelitas ya no pasan a pie enjuto (Ex 14,22; Jos 3,17).

En el paso del mar, Dios estaba presente y encabezaba a su pueblo, ¡y de qué modo estaba presente! La columna de fuego y de nube combatían por Israel (Ex 14,19-20), la sola mirada de Dios siembra el terror en el campamento egipcio (14,24), su brazo extendido divide las aguas en dos (14,21.26.31). En el paso del Jordán, Dios está, pero está en el arca, la presencia de Dios está en una caja de madera portada a hombros por los levitas (Ex 25,10-16; Jos 3,14.17). La presencia de Dios cada vez es más pequeña y misteriosa. En el retorno de Babilonia, ¿dónde está la gloria de Dios?

En el paso del mar Rojo, el enemigo, pleno de potencia (Ex 15,4-5), es aniquilado. Cuando el pueblo pasa el Jordán, lo hace discretamente, temeroso de los enemigos (Nm 13,27-33). Aun así, Dios les entrega la tierra y hace temblar a los enemigos delante de Israel (Jos 5,1). En el retorno, ningún enemigo es derrotado, al contrario, es el rey extranjero el que les da permiso para partir y edificar el Templo (Esd 1,2-4; 5,6-6,12). Del pueblo triunfal que salió de Egipto llegamos a un pueblo formado por «el ciego y el cojo, la preñada y la parida. Gran asamblea vuelve acá» (Jr 31,8).

En el cumplimiento definitivo, en el Señor Jesús, la visibilidad de los prodigios ha desaparecido. También Jesús pasa el Jordán, pero lo atraviesa en la cola de los pecadores para hacerse bautizar, lo pasa bajo el signo de la penitencia (Mt 3,13-14 par.). Cuando todo se cumple, lo único visible a los ojos es un Crucificado y un sepulcro vacío. Un espacio vacío, como el del *sancta sanctorum* del Templo, el espacio en el que Dios habita; que, por estar vacío, habla de una presencia que dice la ausencia del muerto para decir la presencia del que está vivo para siempre porque ha resucitado.

Así se culmina el camino de la salvación. La salvación consiste en ver y experimentar lo invisible. Nos debemos abrir a la dimensión del sueño, de la salvación que nace de lo invisible de una Vida, Vida que ha nacido de una muerte visible. Solo los ojos de la fe, los ojos de los que sueñan (Sal 126,1), pueden ver en la paradoja del llanto y la risa, del dolor y el consuelo, de la vida y la muerte, el camino de la salvación que se abre y de las obras grandes de Dios en lo invisible.

Aclamación

«Y cargaron a uno que pasaba [...] para que llevase
su cruz» (Mc 15,21)[4]

La verdad es, Señor, que me forzaron
a meter el hombro.
Cansado del trabajo, iba a casa empeñado
en mi lucha.

Te miré el rostro y no vi en él el más
pequeño resplandor.
Sangre, heridas, dolor y abismal tristeza
ante la muerte.
Pero me miraste con inmensa dulzura,
que me estremeció el corazón.

«Tu cruz», la cruz de todos los hermanos
heridos y abatidos.
¡Qué asombro! ¿Es que llevabas
tú mi misma cruz pesada?

Tanto amor me pasaste con la mirada
viva de tus ojos
que el madero, manchado con tu sangre,
se me hizo ligero.

Aquí me tienes ahora, Señor.
Te seguiré a donde quiera que vayas.

---

[4] Poesía inédita de Marcelino Legido, en https://marcelinolegido.es/wp-content/uploads/2024/04/Y-cargaron-a-uno-que-pasaba_Transcripcion.pdf.

6

LO HE GLORIFICADO
Y VOLVERÉ A GLORIFICARLO
Jn 12,20-36

Indudablemente, el evangelio de Juan nos sorprende –o deberíamos dejarnos sorprender– siempre cuando nos enseña que sí, que a Dios se le contempla cara a cara en Jesús, y este crucificado. Siempre ha de ser algo inaudito, una absoluta novedad, como ya señalaba el profeta Isaías:

> Mirad, mi siervo tendrá éxito, subirá y crecerá mucho. Como muchos se espantaron de él porque, desfigurado, no parecía hombre ni tenía aspecto humano, así asombrará a muchos pueblos, ante él los reyes cerrarán la boca, al ver algo inenarrable y comprender algo inaudito (Is 52,13-15).

Recordar la novedad nos permitirá cumplir el antiguo mandamiento de no hacernos imágenes de Dios, porque este mandamiento no se debe limitar a las imágenes materiales, sino, sobre todo, a nuestras imágenes mentales, ideológicas e interesadas que utilizamos en nuestros discursos.

Esta novedad se ha ido anunciando de forma velada desde el principio del evangelio y se esclarece en el capítulo 12, para brillar en la pasión. El capítulo 12 arranca nuevamente con el deseo de ver a Jesús; en este caso, el de unos griegos que han llegado por la fiesta de Pascua a Jerusalén. Esta petición es el punto de inicio de la última revelación pública de Jesús, que tiene como motivo su glorificación, es decir, la manifestación de su identidad. En este episodio, el lector descubre que la hora que se ha anunciado en el evangelio es la hora de su glorificación. No será una hora feliz, pues Jesús se turba al anunciarla, se conmueve por dentro y oímos su angustiosa oración: «"Ahora mi alma está agitada, y ¿qué diré? ¿Padre, líbrame de esta hora? Pero si por esto he venido, para esta hora: Padre, glorifica tu nombre". Entonces vino una voz del cielo: "Lo he glorificado y volveré a glorificarlo"» (Jn 12,27-28). Jesús se debate entre librarse de esa hora o cumplir la misión para la que ha sido enviado. Estamos ante el Getsemaní joánico. Jesús no quiere arrancarse de las manos del Padre, pero ¿no habría otro camino? «Si para esto he venido, glorifica tu nombre». En esta encrucijada, Jesús grita los deseos más fuertes de su corazón: «Padre, santificado sea tu nombre», «Padre, venga tu Reino», «Padre, hágase tu voluntad», pues a todo ello equivale glorificar el nombre del Padre. La voz del cielo confirma que estará con él en esa hora de la gloria como lo ha estado hasta ese momento. En esa hora, el Hijo y el Padre manifestarán su rostro. El rostro del Padre aparecerá a través del rostro del Hijo.

El público que asiste a esta escena no comprende la voz divina. Es el mismo Jesús, como exegeta del Padre, el que explica su glorificación. La glorificación coincide con su elevación, y de esta forma atraerá a todos. El narrador desentraña el misterio: «Lo dijo para significar la forma de morir» (Jn 12,33). Algo que queda confirmado en la pasión, cuando Jesús es entregado a los romanos, con lo que queda claro que su elevación será la cruz. La cruz es un signo, el signo concreto, último y definitivo donde se verá la gloria de Dios. Este signo no tiene nada de portentoso o prodigioso, sino al contrario. Ya no hay peligro de quedar seducido por el poder sobrenatural, lo brillante de la acción o su espectacularidad. Solo queda Jesús, y este crucificado (1 Cor 1,23-25).

En este episodio quedan indisolublemente unidos la hora, la glorificación y la cruz. Tres palabras que nos permiten descubrir cómo los grupos joánicos interpretaron la muerte de Jesús y cómo la han ido anunciando en el relato mismo.

Contemplar al Crucificado

Al contemplar al Crucificado, lo que se descubre es el amor de Dios que ha entregado a su Hijo para que el mundo se salve y alcance la vida eterna.

Lo mismo que Moisés elevó la serpiente en el desierto, así tiene que ser elevado el Hijo del hombre, para que todo el que cree en él tenga vida eterna. Porque tanto amó Dios al mundo que entregó a su Unigénito, para que todo el que cree en él no perezca, sino que tenga vida eterna. Porque Dios no envió a su Hijo al mundo para juzgar al mundo, sino para que el mundo se salve por él (Jn 3,14-17).

Cuando Jesús es entregado y se deja entregar, es entonces cuando aparece como Hijo enviado, obediente y amado. Porque la entrega de Jesús no solo es cuando el Padre nos amó más a nosotros, sino también cuando le amó más a él. Fue el Padre quien le entregó, y el Hijo obediente acogió el encargo del Padre y se entregó por nosotros. En la cruz sabemos que Dios es Padre, hemos sabido que él es Hijo: el Hijo amado, el Hijo mayor del Padre.

Algo que es posible porque en el madero de la cruz se descubre que Jesús es «Yo soy» en el que resuena el nombre de Dios: «Y entonces dijo Jesús: "¡Cuando levantéis en alto al Hijo del hombre, sabréis que 'Yo soy', y que no hago nada por mi cuenta, ¡sino que hablo como el Padre me ha enseñado!"» (Jn 8,8). «Yo soy» no es una fórmula metafísica, sino que hay que entenderla desde la mentalidad hebrea, donde «ser» implica «estar», y «estar actuando». Podríamos parafrasear el nombre divino como «Yo soy el que está actuando». Y eso es lo que se ve en la cruz: a Dios actuando en favor nuestro, amándonos hasta el extremo. La cruz es la mayor manifestación de la fidelidad divina a los hombres y a su proyecto salvador, a sí mismo, porque Dios no puede negarse a sí mismo.

Así, al contemplar al Crucificado y descubrir la fidelidad de Dios, somos atraídos por él, por el amor a cada uno de nosotros. El relato joánico, lejos de rebajar el papel de la cruz en nuestra salvación, le da una gran relevancia, pues une a la forma humillante de morir la mayor manifestación de la gloria de Dios.

La victoria de la cruz

En la cruz de Cristo, el príncipe de este mundo es echado fuera. En Juan no hay preocupación por las posesiones demoníacas individuales. Para el autor, todos los hombres están sometidos al poder del Príncipe de este mundo, del diablo, de Satán, del Homicida (Jn 8,11). Él mantiene su poder haciendo aparecer la mentira como verdad, la muerte como vida. Esto es lo que narra el relato del primer pecado del hombre. La serpiente enuncia una mentira como una verdad para presentar un Dios celoso del hombre, y el hombre cae víctima del engaño. Al ser libre recela de Dios y sospecha que le condena a ser menor de edad y dependiente siempre, y por eso se lanza a ser y existir por sí mismo y para sí mismo, rompiendo con el Padre en la desobediencia y con los hermanos en la enemistad y la rivalidad: solo se debe a sí mismo. Los hombres se han divinizado a sí mismos rompiendo los lazos con Dios y se han destruido a sí mismos, como les advirtió el Señor.

El señor de este mundo es un poder alienante que conduce a los hombres al pecado y, así, a la muerte. Su labor es obcecar a los hombres para que permanezcan lejos de Dios como hijos del diablo, expuestos y destinados a la muerte sin remedio, porque están alejados de la voluntad de Dios, que es la fuente de la vida. Un poder capaz de desnaturalizar la fe de los judíos, de manera que, en nombre de la fidelidad de Dios, se vuelven contra Dios mismo, manifestado en Cristo Jesús. En nombre de Dios, los hijos del diablo perseguirán y matarán a los discípulos. El mal siempre engaña y es capaz de pervertir lo más santo. Es capaz de transformar la adhesión de Judas Iscariote en una traición letal.

El Príncipe de este mundo domina a los hombres alentando las pretensiones de apropiación que laten en su corazón: la concupiscencia de la carne, de los ojos, y la jactancia de la riqueza (1 Jn 2,16). Son los deseos del hombre del tener, del poder y del saber que se alimentan entre sí y entenebrecen su corazón, lo esclavizan y lo conducen a la muerte.

La jactancia de las riquezas consiste en tener cada vez más para sí de los demás, y se convierte en un deseo de los bienes para el propio disfrute y lanza al hombre a una carrera imposible tras un «mejor-estar» inalcanzable. Por eso, el hombre ansía el poder que dan las riquezas, porque el que tiene puede y convierte su poder en dominación, opresión y apropiación de los bienes del otro, hasta el punto de llegar a apropiarse del ser del otro a través del instinto sexual y tratarlo como objetivo del propio disfrute. El que tiene y puede, sabe, y convierte su saber en una herramienta para apropiarse más y dominar más, vanagloriándose de sí mismo, orgulloso y autosuficiente, que hace su vida a su antojo, sin hermanos y sin Padre.

En Jesús crucificado, el Príncipe de este mundo no tiene ningún poder, porque Jesús ha venido a hacer la voluntad del Padre. Para Cristo, la riqueza es dar y darse. La verdadera riqueza no pretende tener para sí, acumular para sí, interesarse solo en sí; por eso se hizo carne y acampó entre nosotros, se despojó y fue despojado, desnudo y pobre; en la cruz muestra la verdadera riqueza del hombre, que es el amor que se entrega, «pues conocéis la gracia de nuestro Señor Jesucristo, el cual, siendo rico, se hizo pobre por vosotros para enriqueceros con su pobreza» (2 Cor 8,9). Jesús ha renunciado voluntariamente a todo poder para darse como una ofrenda desde la debilidad y la gratuidad sin imponerse (Jn 18,10.36; 19,11). Jesús, como testigo de la verdad, ofrece la sabiduría que no excluye ni esclaviza, sino que libera y reúne a los hombres en una sola cosa, pues en la cruz es donde descubrimos las cosas del cielo (Jn 3,10-13), y así en la cruz aparece la sabiduría, la fuerza y la riqueza de Dios (1 Cor 1,22-25).

En la cruz, Jesús vence al mal. Podríamos decir que el único exorcismo en Juan es la glorificación de

Jesús; la cruz, el mayor signo. Por ella, el mal deja de ser el destino fatal del hombre, el Príncipe del mundo ha perdido su poder absoluto y su fuerza de seducción sobre los hombres. La última palabra ya no la tiene el mal, sino el amor de Dios al mundo, que se ha manifestado en Cristo Jesús, el Hijo amado y obediente, el Hermano mayor que sirve a los hermanos.

Todo se ha cumplido

Todo esto queda confirmado en el relato de la pasión, en el que acontece el cumplimiento de todo lo que se anunció en el ministerio de Jesús. Jesús es el buen pastor que no ha perdido a los suyos, pues los ha defendido ante los salteadores en el huerto de Getsemaní (Jn 18,8). Jesús es el Hijo de Dios, como reconocen, a regañadientes, las autoridades judías, para que Pilato ejecute a Jesús, ya que no le puede considerar un agitador político (19,7).

Enigmático sigue siendo el reparto de los vestidos y el sorteo de la túnica entre los soldados (Jn 19,23-24). Para empezar, no sabemos a qué prenda se refiere la túnica, si a la prenda interior o al manto púrpura que los soldados le habían impuesto en el pretorio, con el que Jesús ha llegado al Calvario. De un modo u otro, la descripción de la túnica recuerda la descripción del velo rasgado del Templo en el evangelio de Marcos: «Y el velo del santuario se rasgó en dos, de arriba abajo». Si fuese así, el Crucificado es el nuevo templo de Dios, el templo prometido a las autoridades judías al comienzo del evangelio. En este templo, Jesús reúne a su nueva familia y les entrega el Espíritu prometido en su glorificación, como el agua viva que mana de su costado.

Tras la lanzada, el discípulo amado vio y ahora da testimonio de que el Crucificado es el verdadero Cordero pascual al que no se le ha quebrado un hueso, el que permite el paso de la esclavitud a la libertad, de la muerte a la vida. Jesús es también el traspasado que derrama un espíritu de penitencia y oración que hace posible el culto en espíritu y verdad (Jn 4).

Aclamación

> Te damos gracias, Señor,
> por tu Hijo Amado, Jesús, Cristo.
>
> Porque él aceptó la muerte, uno por todos,
> para librarnos del morir eterno;
> es más, quiso entregar su vida
> para que todos tuviéramos vida eterna.
>
> Así has puesto la salvación de todos los hombres
> en el árbol de la cruz,
> para que, donde tuvo origen la muerte,
> resurgiera la vida,
> y el que venció en un árbol

fuera en un árbol vencido,
por Cristo, nuestro Señor.
Porque, en la pasión salvadora de tu Hijo,
el universo aprende a proclamar tu gloria,
y, por la fuerza de la cruz,
el mundo es juzgado como reo,
y el Crucificado exaltado como Rey poderoso,
vencedor del pecado y de la muerte.

Por medio de él
nos llamas gratuitamente
a la nueva vida,
para que tengamos parte
en su resurrección gloriosa.

(Prefacios de la pasión y fiesta de la Exaltación de la Santa Cruz.)

7

HEMOS VISTO AL SEÑOR
Jn 20

En el capítulo 20 del evangelio de Juan, el anuncio de la resurrección se presenta como un ver: «ver al Señor». María Magdalena anuncia a los discípulos que ha visto al Señor; estos mismos se lo dicen a Tomás, ausente en la primera de las apariciones al grupo encerrado en una casa; Jesús mismo le pregunta a Tomás: «¿Porque me has visto has creído?».

En estos dos capítulos, a Jesús se le llama, sobre todo, *Kyrios,* Señor; en ellos, el término aparece catorce veces, dos tercios de las apariciones en todo el relato. Esta palabra define a aquel que posee dominio, control o poder de decisión sobre algo o sobre alguien. Se usa en contextos distintos, y por eso su significado está lleno de matices diferentes. Es una forma de cortesía a alguien al que se trata con respeto, como hace el funcionario real o la samaritana; en estos casos no implica una confesión de fe. Por respeto, también se solía llamar a los maestros o rabinos «señor», como Jesús mismo dice que hacían sus discípulos con él (Jn 13,13-14); y así podemos interpretar las preguntas e interpelaciones de sus discípulos (14,5.8.22), ya que no son una confesión de fe, pues sus interrogantes plantean justamente lo contrario. También encontramos en el relato testimonios de que el término «Señor» se refiere a Dios, algo frecuente en el judaísmo de Palestina.

Veamos un ejemplo de este cambio de significado. Lo encontramos en el encuentro entre Jesús y el ciego al que devolvió la vista en Jn 9,35-38:

> Oyó Jesús que lo habían expulsado, lo encontró y le dijo: «¿Crees tú en el Hijo del hombre?». Él contestó: «¿Y quién es, Señor, para que crea en él?». Jesús le dijo: «Lo estás viendo: el que te está hablando, ese es». Él dijo: «Creo, Señor». Y se postró ante él.

En la primera aparición, es más lógico pensar en un título de cortesía; el ciego nunca ha visto a Jesús hasta ahora, no sabe quién lo ha curado, por lo que no puede ser una confesión de fe. En cambio, cuando Jesús le revela que es él quien lo ha curado, le adora y muestra su fe llamándole Señor, ya no como trato cortés. Si al comienzo del evangelio el anuncio era «hemos encontrado a aquel del que hablan las Escrituras, el Mesías, el Rey de Israel», ahora lo que se anuncia es al Señor exaltado.

Las apariciones del Señor

El relato de la pasión había acabado con la mirada de las mujeres puesta en el sepulcro de Jesús. Los relatos pascuales comienzan pasado el sábado, en el claroscuro del alba, en el mismo lugar. María Magdalena se acerca a llorar a su querido *rabbí.* Al llegar ve que la piedra ha sido corrida. Si el sepulcro hubiese estado intacto, nada extraordinario habría ocurrido; pero, al estar alterado, se convierte en algo que hay que interpretar, es decir, en un nuevo signo, otro más, no muy portentoso, pero muy misterioso y alarmante. La mujer de Magdala hace una interpretación llena de sentido común y racionalidad. Y a la vez angustiosa: alguien ha movido el cuerpo de Jesús de la tumba, es decir, se ha profanado la tumba. Se ha revictimizado a la víctima. ¡Qué rabia y dolor cuando los cementerios son profanados! Esto es lo que apresuradamente va a anunciar a Pedro y al discípulo amado, que corren hacia el sepulcro a comprobarlo.

Son los varones los primeros que entran en el sepulcro. El primero es Pedro, al que le ha abierto el camino el discípulo amado, que desde fuera ya ha visto las vendas. Al entrar, Pedro ve las vendas y además el sudario, pero no pasa de ahí; el narrador no nos cuenta su reacción, simplemente confirma la información de la Magdalena. El otro discípulo entra, ve y cree. El vacío y el orden del sudario y las vendas le revelan la gloria de Jesús, que es el Dios Unigénito que se ha liberado de la muerte y ha removido desde dentro la piedra del sepulcro. El sepulcro se convierte en una especie de *sancta sanctorum,* el lugar más santo del Templo de Jerusalén, que también estaba vacío. Si la cruz era un signo poco grato a la vista, ahora nada hay que ver. Ambos discípulos se marchan del sepulcro, al parecer sin intercambiar ninguna impresión. Pedro no ha entendido el sepulcro como un signo, el discípulo amado sí. Es este discípulo el primero de los dichosos que han creído sin haber visto (Jn 20,19).

¿Dónde te escondiste, amado?

Aún nadie ha visto al Resucitado. María será la primera que, al ser encontrada por él, le verá. Ella permanece junto al sepulcro y, como si no estuviese segura de haber mirado bien, vuelve a inclinarse hacia el interior vacío; tal vez se haya producido un milagro y el cadáver de Jesús vuelva a estar donde debe estar, en su sitio, en la tumba. Pero no está; el lugar donde estuvo está ahora señalado por la presencia de dos ángeles vestidos de blanco, que le preguntan: «¿Por qué lloras?». Nada le dicen del Resucitado, nada le anuncian, y tampoco su presencia; cual querubines del *sancta sanctorum,* sacan a María de su idea: se han llevado el cuerpo de Jesús.

El encuentro con Jesús no es en el sepulcro, lugar de muerte, sino en el huerto, lugar de la vida. La voz del Resucitado hace que ella dé la espalda al sepulcro y vea a Jesús, aunque no le reconoce. Es él quien la reconoce y se ocupa de su dolor: «¿A quién buscas?», pregunta que recuerda la primera palabra de Jesús en el evangelio (Jn 1,37). María vuelve a repetir su búsqueda infructuosa del cadáver de Jesús. El Resucitado la rescata llamándola por su nombre propio, «María». El Resucitado se revela nombrándonos a nosotros. Se revela recreando la relación de amor y de confianza de manera nueva. María le llama *rabbí* a la vez que intenta retenerlo. Ambas cosas ya no son adecuadas. Jesús no ha revivido, como Lázaro, sino que ha resucitado. La relación con él no es la de una escuela donde se aprenden lecciones. No se le puede retener y encerrar en los esquemas y en las relaciones mundanas. Hay que dejarle marchar, hay que dejarle ser Dios, y separarse de él y pasar el duelo sabiendo que está vivo. Solo así se podrá establecer una relación nueva.

Jesús pide a María Magdalena que vaya donde sus discípulos, que ahora son hermanos, y que les cuente que ha subido a su Padre, que ahora también es «vuestro Padre». Esta es la buena noticia: Dios, en su Hijo Unigénito, nos ha entrañado en él, constituyéndonos en hijos y hermanos. María es enviada como apóstol a anunciarlo. Ahora sí con el corazón encendido. «¡Resucitó de veras mi amor y mi esperanza!» (Secuencia del Domingo de Pascua); se desprende de Jesús y se dirige a sus hermanos para dar testimonio, no ya de la desgracia, sino del gozo desbordante: «He visto al Señor y me ha dicho esto».

Abriendo las puertas del paraíso

El siguiente relato pascual ocurre el mismo día de la resurrección por la tarde, pero en otro lugar y con otros protagonistas. El primer encuentro ha sido con una mujer que ha salido hacia el sepulcro; ahora es con un grupo que permanece encerrado en una casa por miedo a los judíos.

En estos episodios aparecen varias novedades con respecto a otras narraciones pascuales: el miedo a los judíos, la mención del costado abierto y el don del Espíritu Santo.

La comunidad de Juan sufrió la persecución de los judíos y fue expulsada de la sinagoga. En esa situación es fácil sucumbir a la tentación de encerrarse o de aislarse. Es el miedo que paraliza y elige la peor salida, renegar de la propia identidad y atrincherarse frente a los otros. ¡Cuántas veces nos ha pasado como personas, como grupos y como Iglesia! Jesús se presenta en medio de ellos de una manera extraordinaria, entra sin abrir las puertas. El que se hace presente es el Exaltado, no es Jesús revivido, sino el que ha traspasado el muro de la muerte y goza de una vida nueva. En este momento se manifiesta mostrando las señales de la pasión, poniendo un especial interés en el costado abierto, que le muestra cómo el Cordero que ha quitado el pecado del mundo y ha abierto de par en par el paraíso, ¡con la fuerza de un Cordero, y derramando el espíritu de piedad y de oración!

El Señor envía a sus discípulos como el Padre lo envió a él. El Resucitado les comparte su misma misión y el mismo modo de realizarla, por sus mismas huellas. Ellos serán en medio del mundo su rostro, reflejo y manifestación de Jesús y así del Padre. Son enviados y entregados para mostrar el amor de Dios al mundo y así ser testigos de la Verdad, ser luz que ilumina las tinieblas, abriendo el Camino que es Cristo y haciendo germinar la Vida. Lo harán sin ser del mundo, pero nunca apartándose del mundo. Lo harán salvando al mundo, nunca condenándolo y destruyéndolo. Por eso la aparición del Señor lo que hace es abrir las puertas de la casa de par en par desde dentro, como el sepulcro, para entrar y salir por la puerta que es Cristo: «Por eso añadió Jesús: "En verdad, en verdad os digo: yo soy la puerta de las ovejas. Todos los que han venido antes de mí son ladrones y bandidos; pero las ovejas no los escucharon. Yo soy la puerta: quien entre por mí se salvará y podrá entrar y salir, y encontrará pastos"» (Jn 10,7-8).

Para ello les da el Espíritu. Si la cruz y la exaltación están unidas en Juan, del mismo modo lo están resurrección y Pentecostés. Los discípulos son recreados, renovados, es el nuevo nacimiento del Espíritu y no de la carne ni de la sangre. Ante ellos y su testimonio, los hombres deciden su destino: ser perdonados o permanecer en sus pecados.

«Señor mío y Dios mío»

Entre los discípulos no se encontraba Tomás. Él se va a convertir en el primero al que los discípulos anuncian la Buena Noticia: «Hemos visto al Señor»; el primero que es evangelizado, diríamos hoy. Tomás rechaza el testimonio de sus amigos y compañeros; insensatamente pide una prueba de lo que dicen. Pero ¿a quién se la pide? ¿A ellos? ¿Pueden ellos hacer que el Señor se presente allí otra vez? Tomás está pidiendo un prodigio, «tocar», que Dios se manifieste a su voluntad. Justamente esto es signo de su incredulidad, como la de las autoridades judías en el Templo (Jn 2,18) o los judíos que piden signos a Pablo (1 Cor 1,22-24).

El Resucitado se compadece de Tomás y a la semana siguiente le ofrece la posibilidad de verificar el testimonio de sus compañeros. El Señor le invita a ver y tocar y, sobre todo, a pasar de la incredulidad a la fe. Tomás renuncia a tocar y así llega a la fe por medio de la misma experiencia que sus compañeros, y confiesa a Jesús como su Señor y su Dios, la cima de las confesiones de fe de todo el evangelio.

Jesús declara ahora dichosos a los que crean sin ver, es decir, a nosotros. El mismo Resucitado relativiza sus apariciones, que ahora podemos interpretar como un signo y que también pueden ser malinterpretadas: el que se presenta es un fantasma (Lc 24,37), como alucinaciones de mujeres (24,11.22-23). Los que leen el relato y han llegado a la fe se identifican con estos «dichosos». Pero ¿realmente nos consideramos dichosos? ¿Creemos que tenemos ventaja sobre ellos?

Aclamación

Tú eres la puerta[5]

Tú eres la puerta, única puerta,
siempre abierta.

Puerta al abismo del corazón
del Padre de las misericordias.

Puerta a la hondura abismal
de la fraternidad de la gracia.

Puerta a la anchura insospechada
de la senda inédita de la mesa.

Puerta a la espesura estremecedora
de la Pascua nueva que se avecina
y nos sobreviene, nos sobrecoge y nos sobrepasa.

Amén. Aleluya.

---

[5] Poesía inédita de Marcelino Legido, en https://marcelinolegido.es/wp-content/uploads/2024/04/Tu-eres-la-puerta_Transcripcion.pdf.

8

VOLVERÉ A VOSOTROS
Jn 14-17

Algunas veces pensamos que, si nosotros hubiésemos estado con Jesús y lo hubiésemos visto como aquellos discípulos, le habríamos respondido mejor, habríamos estado a la altura de las circunstancias. Pensamos orgullosamente que nosotros sí superaríamos el escándalo tremendo de la cruz. También, muchas veces, como Tomás, pedimos ahora un signo: «ver al Señor», «que Dios nos hable», «que me conceda esta cosa o esa otra», desde lo más banal a lo más importante. Así pensamos que creeremos más y mejor y podremos convertirnos de nuestras conductas.

Os conviene que yo me vaya

En cambio, el Señor dice en su relato que los creyentes pospascuales tenemos ventaja sobre sus propios discípulos terrenos. Lo hace en la sobremesa de la tarde en que fue entregado; en el conocido como Discurso de despedida (Jn 14-16). En la cena, Jesús ha mostrado la fuerza de su amor hasta el extremo, el camino de su amor, que es el servicio de lavar los pies y el encargo de su amor en el mandamiento nuevo. Este encargo lo realizarán sus discípulos si permanecen en él hasta morar en él permanentemente, hasta arraigarse en él como una sola cosa, sostenidos por el Espíritu y la plegaria de Jesús al Padre a través del amor mutuo y la misión en el mundo. Ahora, al despedirse, Jesús describe la situación de la vida pospascual, que es el tiempo del lector; al leer y escuchar el discurso de despedida debemos entenderlo como dicho a nosotros hoy.

Esto se comprueba en la escena del huerto, en la que Jesús se muestra lleno de autoridad y ordena a sus captores que sus discípulos puedan marcharse libremente. El narrador comenta que esto ocurrió para que se cumpliese una palabra pronunciada por él mismo. Esa palabra es la de Jn 17,12, en la que Jesús presenta como realizado algo que no ha ocurrido aún. El que está hablando es el Resucitado. Por medio de los discursos, Jesús se dirige directamente al lector en su propia situación vital. El que alza los ojos al cielo es el Jesús terreno en la víspera de su pasión, pero al referirse a su obra en pasado y consumada ya ha adquirido la condición de elevado y glorificado. En la oración se expresan tres intenciones: ruega por su glorificación, ruega por los discípulos que le rodean, ruega por los discípulos de la segunda hora. También nosotros debemos pasar el duelo y aceptar, como la Magdalena, que al Resucitado no podemos retenerle, aceptar la pérdida para encontrarlo definitivamente.

El discurso de despedida es una exhortación a no sucumbir al miedo, como los discípulos tras la muerte de Jesús, por medio de una fe consumada en Dios y en Cristo: «Creed en Dios y creed también en mí». La cruz no conduce a la ruptura de la relación con él, al contrario, la consuma para siempre, porque Jesús no les dejará solos, y le volveremos a ver como aquellos discípulos le vieron, como Señor, en su experiencia pascual: «Dentro de poco el mundo no me verá, pero vosotros me veréis y viviréis, porque yo sigo viviendo»; «Dentro de poco ya no me veréis, pero dentro de otro poco me volveréis a ver» (Jn 14,19; 16,16).

Los umbrales del reino de Dios

Esta experiencia pascual se ofrece al creyente de todos los tiempos, a aquellos que sitúan su existencia bajo la autoridad del Señor y la entienden a la luz de su revelación. En la experiencia pascual se ha adelantado la parusía. Jesús está con el Padre, y su vida está unida a él y a la vida de los creyentes: «Entonces sabréis que yo estoy en mi Padre, y vosotros en mí y yo en vosotros. El que me ama guardará mi palabra, y mi Padre lo amará, y vendremos a él y haremos morada en él» (Jn 14,20.23). Esta presencia de Jesús y el Padre en los discípulos se expresa más adelante con la imagen de la vid (15,1-6). La vid designa a Jesús y a los discípulos unidos como un organismo vivo en perfecta y fecunda unidad. Muchas veces, nuestra forma de entender esta imagen tiende a identificar la cepa con Jesús, diferenciándola de los sarmientos como dos cosas distintas, pero no es así. Aquí se subraya la unidad de toda la vid, de Cristo y los suyos. El fruto de la vid es fruto entero de los discípulos y fruto entero de Jesús y del cuidado del Padre mediante la poda y la limpieza. La imagen de Israel como viña se ha transformado en una sola vid, que es Cristo en sus discípulos. ¿Cómo puede el creyente recibir la vida ofrecida por el Crucificado exaltado? ¿Cómo se hace realidad «sin mí no podéis hacer nada»? ¿Cómo se hace realidad esa permanencia en él? Una de esas formas es la eucaristía. El misterio de la eucaristía es revelado por Jesús en la sinagoga de Cafarnaún, tras la multiplicación de los panes, y no en la noche que fue entregado.

Jesús enseña que él es pan vivo que ha bajado del cielo, y que ese pan vivo es su carne y su sangre por el mundo, que son verdadero alimento para el creyente. Es en la eucaristía donde se restablece la relación y la unión recíproca entre Jesús y el creyente, la inmanencia recíproca. Al comer el pan y beber la copa, el creyente recibe la vida misma de Dios en sí mismo, y por eso el creyente vive por Cristo y en Cristo la vida tal como Dios la quiere, no entregada a la fatalidad de la muerte, porque el que come y bebe la carne y la sangre de Cristo no morirá para siempre y vivirá.

Las moradas de Dios se dan aquí y ahora, en la existencia histórica de los discípulos. Es una interpretación impresionante de los últimos tiempos: no se habla de transformaciones cósmicas, ni de plazos temporales, ni se describe un advenimiento final portentoso, sino que se habla de un espacio que ya está presente y lo estará hasta el final de la historia: Dios en los suyos. La morada de Dios con los hombres se da en cada uno de los discípulos y en el corro que ellos forman. Por la experiencia pascual, los discípulos se encuentran en los umbrales del Reino (Prefacio de Pascua III). Muchas veces nuestra esperanza la enunciamos en términos temporales y descuidamos los términos espaciales que también están presentes en los otros evangelios: «El reino de Dios se ha acercado». Tal vez los cristianos estamos muy pendientes de cuándo veremos a Dios –aunque el mismo Jesús nos dijo que eso es un tanto absurdo (Mt 24,36)– y no tanto de «dónde» vemos ahora a Dios.

¿Cómo es posible eso? Porque la muerte de Jesús ha sido un beneficio para los discípulos, una ganancia que abre la posibilidad de una vida completamente nueva (Jn 14,28; 16,7). Jesús ha pedido al Padre que su muerte no fuese el espacio de la ausencia y silencio, sino el de su presencia activa y reveladora. Cristo pide su reconocimiento y aprobación, pide que Dios se manifieste a través de su destino, que la cruz sea exaltación y no aniquilación. Así, la muerte no es el lugar de la separación y de la ruptura de la relación, sino de su confirmación definitiva.

Así habló Jesús y, levantando los ojos al cielo, dijo: «Padre, ha llegado la hora, glorifica a tu Hijo, para que tu Hijo te glorifique a ti y, por el poder que tú le has dado sobre toda carne, dé la vida eterna a todos los que le has dado. Esta es la vida eterna: que te conozcan a ti, único Dios verdadero, y a tu enviado, Jesucristo» (Jn 17,1-4).

Se pide que Dios siga siendo Dios en la figura del Enviado crucificado.

El tiempo del cumplimiento es ahora

Jesús, al morir, afirmó: «Todo está cumplido». El tiempo prepascual era el tiempo de la revelación; el pascual es el del cumplimiento, el de la plenitud. Jesús ya lo ha hecho todo. Solo en la Pascua, la revelación anterior se vuelve luminosa y ya los discípulos no tienen que preguntar nada y comprenden en plenitud el misterio de Jesús. El tiempo prepascual es el tiempo de la siembra, como el grano de trigo en tierra, mientras que el tiempo pascual es el de dar frutos maduros, como la vid (Jn 12,24; 15,5). El tiempo del ministerio de Jesús sería como un discurso en enigma, mientras el pascual es un discurso iluminador: «Os he hablado de esto en comparaciones;

viene la hora en que ya no hablaré en comparaciones, sino que os hablaré del Padre claramente» (16,25).

Ahora es posible llegar a la fe que tiene como fundamento a Cristo, no a nuestras prácticas o en nuestras esperanzas. Una fe que acepta la crisis y el desmoronamiento de la propia seguridad para llegar a ser auténtica. Eso ocurrió en la cruz: «Le dicen sus discípulos: "Ahora sí que hablas claro y no usas comparaciones. Ahora vemos que lo sabes todo y no necesitas que te pregunten; por ello creemos que has salido de Dios". Les contestó Jesús: "¿Ahora creéis? Pues mirad: está para llegar la hora, mejor, ya ha llegado, en que os disperséis cada cual por su lado"» (Jn 16,29-32). El Resucitado desmorona la inmadurez de la fe de los discípulos de Emaús, «nosotros esperábamos»; y la de los Doce, que aún anhelaban un Reino terreno: «¿Va a ser ahora cuando vas a instaurar el Reino?». Esto solo es posible ahora. Solo el creyente que ha hecho duelo de su propia seguridad, de su propia creencia, puede alcanzar a ver al Señor, como hizo la Magdalena en el huerto: «No me retengas».

El verdadero seguimiento es hoy

La muerte de Jesús hace posible el verdadero seguimiento. Ahora los discípulos pueden llegar al Padre a través de Jesús. Antes no era posible ni para los judíos ni para los discípulos más decididos, como Tomás o Pedro:

> Entonces Tomás, apodado el Mellizo, dijo a los demás discípulos: «Vamos también nosotros y muramos con él». Simón Pedro le dijo: «Señor, ¿adónde vas?». Jesús le respondió: «Adonde yo voy no me puedes seguir ahora, me seguirás más tarde». Pedro replicó: «Señor, ¿por qué no puedo seguirte ahora? Daré mi vida por ti». Jesús le contestó: «¿Conque darás tu vida por mí? En verdad, en verdad te digo: no cantará el gallo antes de que me hayas negado tres veces» (Jn 11,16; 13,33.36-38).

Solo tras la resurrección Pedro es invitado a seguirle (Jn 21,29). Esta es la última palabra que escuchamos en la voz de Jesús en el evangelio: «Tú sígueme». Así se cierra el arco que se inició en la primera palabra: «Venid y lo veréis». Ahora es posible porque Jesús no solo ha abierto el camino, sino que es el camino, y por eso la verdad y la vida (14,6). La pregunta fundamental del hombre se resuelve a través de Jesucristo, camino verdadero que da la vida verdadera, que ha atravesado la muerte y conduce al encuentro con Dios. La pregunta de Felipe es un diálogo pospascual con los creyentes que aún no acabamos de creer que en la cruz Dios reveló enteramente su rostro.

> «Si me conocierais a mí, conoceríais también a mi Padre. Ahora ya lo conocéis y lo habéis visto». Felipe

le dice: «Señor, muéstranos al Padre y nos basta». Jesús le replica: «Hace tanto que estoy con vosotros, ¿y no me conoces, Felipe? Quien me ha visto a mí ha visto al Padre. ¿Cómo dices tú: "Muéstranos al Padre"? ¿No crees que yo estoy en el Padre y el Padre en mí? Lo que yo os digo no lo hablo por cuenta propia. El Padre, que permanece en mí, él mismo hace las obras. Creedme: yo estoy en el Padre y el Padre en mí. Si no, creed a las obras» (Jn 14,8-11).

La oración y las obras mayores

Por este camino los discípulos van a realizar obras mayores que las de Jesús, porque se las pedirán al Padre en su nombre, y Dios siempre escucha a Jesús (Jn 11,41-42). Pedir en nombre de Jesús podemos entenderlo al menos de dos formas. La primera, pedir por el nombre de Jesús a través de él, que pide al Padre por nosotros y que aparece como nuestro intercesor en la primera carta de Juan. Pero también podemos pedir en su nombre, como representación suya, en su lugar. Si esto es así, la oración cristiana no puede ser más que un reflejo de la oración de Jesús, que en la tradición primitiva es el Padrenuestro y que en Juan adquiere un tono más específico de manifestación del Padre y de acción de gracias. De este modo, los discípulos harán las obras del Padre. No dice Jesús que harán signos, sino las obras de Dios: perdonar, iluminar, sanar, dar vida, manifestar la gloria de Dios. No harán milagros, sino la voluntad del Padre, que actuará por medio de ellos, simples mortales pecadores, ¡no hay obra mayor!

Solo se puede orar en nombre de Jesús y hacer las obras del Padre si se ama a Jesús y al Padre, y eso se muestra guardando los mandamientos de Jesús y permaneciendo en su amor, que se ha derramado en nosotros. Permanecer es extender el amor recibido:

> Como el Padre me ha amado, así os he amado yo; permaneced en mi amor. Si guardáis mis mandamientos, permaneceréis en mi amor; lo mismo que yo he guardado los mandamientos de mi Padre y permanezco en su amor. Os he hablado de esto para que mi alegría esté en vosotros, y vuestra alegría llegue a plenitud. Este es mi mandamiento: que os améis unos a otros como yo os he amado. Nadie tiene amor más grande que el que da la vida por sus amigos (Jn 15,9-13).

Dar la vida en el servicio necesario, cotidiano, sencillo y gratuito; como lavar los pies, no solo a los que te aman, sino también al que te niega y al que te entrega (Jn 13,34-35), ese es el amor hasta el extremo de la vida diaria.

Enviados al mundo

El grupo de discípulos está en el mundo y ha sido enviado al mundo como lo fue Jesús, es entregado al mundo para que el mundo conozca el amor del Padre. La vida de los creyentes y de la Iglesia es un servicio al mundo: «Como tú me enviaste al mundo, así yo los envío también al mundo» (Jn 17,18). El mundo odia al que no le pertenece, intentará seducirle, pero, si no lo consigue, le golpea y le persigue. Son enviados al mundo, pero sin ser del mundo, porque ahora han nacido de Dios (1,12-13) y por eso son rechazados, expulsados, perseguidos e incluso asesinados (16,1-4).

Es momento de aclarar lo que significa la palabra «mundo» en el evangelio de Juan, porque su significado tiene distintos matices dentro del relato. Ocurre con este término lo que nos ocurre a nosotros con la palabra «sociedad» en la actualidad. Sociedad significa el conjunto de personas, pueblos o naciones que conviven bajo normas comunes. Esta definición es neutra, pero muchas veces el término es usado de forma negativa en expresiones como «¡La culpa la tiene la sociedad!», en las que se resaltan las deficiencias en las relaciones o un déficit en sus valores. En esas expresiones, la sociedad aparece como un ente autónomo e incontrolable por parte del hombre.

Algo así ocurre en el evangelio de Juan. El mundo, en primer lugar, es una obra de Dios y designa la creación y a todos los hombres. Pero también designa la parte de los hombres endurecidos y encerrados en sí mismos por la incredulidad y dominados por el Príncipe de este mundo a través de la concupiscencia de la carne, de los ojos y de la riqueza. Así, el mundo es una realidad tenebrosa y peligrosa para los discípulos (Jn 12,31; 14,30; 16,11), pero en él están y existen los hombres necesitados de salvación. Por eso es objeto del amor misericordioso de Dios (Jn 3,16; 1 Jn 4,9). La Iglesia no puede aislarse del mundo porque ha sido enviada a él, ni odiar al mundo porque el Padre quiere salvar a los hombres misericordiosamente a través de sus discípulos.

Tal vez la mejor descripción de este misterio, «estar en el mundo sin ser del mundo», la encontramos en la *Carta a Diogneto:*

> Viven en ciudades griegas y bárbaras, según les cupo en suerte, siguen las costumbres de los habitantes del país, tanto en el vestir como en todo su estilo de vida y, sin embargo, dan muestras de un tenor de vida admirable y, a juicio de todos, increíble. Habitan en su propia patria, pero como forasteros; toman parte en todo como ciudadanos, pero lo soportan todo como extranjeros; toda tierra extraña es patria para ellos, pero están en toda patria como en tierra extraña. Igual que todos, se casan y engendran hijos, pero no se deshacen de los hijos que conciben. Tienen la mesa en común, pero no el lecho.
>
> Viven en la carne, pero no según la carne. Viven en la tierra, pero su ciudadanía está en el cielo. Obedecen las leyes establecidas, y con su modo de vivir superan estas leyes. Aman a todos, y todos los persiguen. Se los condena sin conocerlos. Se les da muerte, y con ello reciben la vida. Son pobres, y enriquecen a

muchos; carecen de todo, y abundan en todo. Sufren la deshonra, y ello les sirve de gloria; sufren detrimento en su fama, y ello atestigua su justicia. Son maldecidos, y bendicen; son tratados con ignominia, y ellos, en cambio, devuelven honor. Hacen el bien, y son castigados como malhechores; y, al ser castigados a muerte, se alegran como si se les diera la vida. Los judíos los combaten como a extraños y los gentiles los persiguen, y, sin embargo, los mismos que los aborrecen no saben explicar el motivo de su enemistad.

Para decirlo en pocas palabras: los cristianos son en el mundo lo que el alma es en el cuerpo. El alma, en efecto, se halla esparcida por todos los miembros del cuerpo; así también los cristianos se encuentran dispersos por todas las ciudades del mundo. El alma habita en el cuerpo, pero no procede del cuerpo; los cristianos viven en el mundo, pero no son del mundo (caps. 5-6).

Por eso el Señor los anima a no escandalizarse, a no abandonar la fe por la persecución y el martirio, pues eso mismo hicieron con él, «odiarlo sin motivo». Los creyentes comparten el camino de Jesús también en su sufrimiento, por eso comparten su mismo destino, que es la vida eterna. Una vida que en la historia es el paso de la tristeza a la alegría (Jn 16,21-22). Entre la seducción y la agresión del mundo, el Padre cuidará de ellos:

Ya no voy a estar en el mundo, pero ellos están en el mundo, mientras yo voy a ti. Padre santo, guárdalos en tu nombre, a los que me has dado, para que sean uno, como nosotros. Cuando estaba con ellos, yo guardaba en tu nombre a los que me diste, y los custodiaba, y ninguno se perdió, sino el hijo de la perdición, para que se cumpliera la Escritura. Ahora voy a ti, y digo esto en el mundo para que tengan en sí mismos mi alegría cumplida (Jn 17,11-13).

La nueva presencia del Señor: el Paráclito

Todas estas experiencias pueden ser vividas gracias a la nueva presencia del Señor entre ellos: el Paráclito, el Abogado, el Defensor, el Espíritu Santo. El Paráclito es un don del Padre pedido por Jesús, que hace morada en los creyentes y hace posible la morada del Padre y del Hijo actuando como su aposentador en los creyentes.

En el Discurso de despedida aparecen cinco anuncios del don del Paráclito. Es un tema fundamental:

Y yo le pediré al Padre que os dé otro Paráclito, que esté siempre con vosotros, el Espíritu de la verdad. El mundo no puede recibirlo, porque no lo ve ni lo conoce; vosotros, en cambio, lo conocéis, porque mora con vosotros y está en vosotros (Jn 14,16-17).

Os he hablado de esto ahora que estoy a vuestro lado, pero el Paráclito, el Espíritu Santo, que enviará el Padre en mi nombre, será quien os lo enseñe todo y os vaya recordando todo lo que os he dicho (Jn 14,26).

Cuando venga el Paráclito, que os enviaré desde el Padre, el Espíritu de la verdad, que procede del Padre, él dará testimonio de mí; y también vosotros daréis testimonio, porque desde el principio estáis conmigo (Jn 15,26-27).

Sin embargo, os digo la verdad: os conviene que yo me vaya; porque, si no me voy, no vendrá a vosotros el Paráclito. En cambio, si me voy, os lo enviaré. Y cuando venga dejará convicto al mundo acerca de un pecado, de una justicia y de una condena (Jn 16,7-8).

Muchas cosas me quedan por deciros, pero no podéis cargar con ellas por ahora; cuando venga él, el Espíritu de la verdad, os guiará hasta la verdad plena. Pues no hablará por cuenta propia, sino que hablará de lo que oye y os comunicará lo que está por venir. Él me glorificará, porque recibirá de lo mío y os lo anunciará. Todo lo que tiene el Padre es mío. Por eso os he dicho que recibirá y tomará de lo mío y os lo anunciará (Jn 16.12-15).

El Espíritu realiza varias misiones en el grupo de los creyentes. La primera es enseñar a los creyentes por medio del recuerdo de Jesús, de sus obras y palabras (Jn 2,21-22). Él nos enseña los mandamientos de Jesús y permite que guardemos sus palabras. El Espíritu hace presente ahora al Señor entre los hombres, porque no hablará de otra cosa que no sea Jesús, como este no hablaba de otra cosa que no fuese el Padre.

Igualmente, el Espíritu sostiene el testimonio de los discípulos en medio del mundo defendiéndoles, y a la vez se convierte en el que pondrá de manifiesto al mundo su pecado al rechazar a Jesús, que ahora está vivo. Mostrará la justicia de Dios al resucitarlo y dejará patente que el Príncipe de este mundo ha sido juzgado y condenado. ¡El Príncipe de este mundo, no el mundo!

Su presencia es garantía de la presencia de Dios en el seno de los grupos joánicos: «Quien guarda sus mandamientos permanece en Dios, y Dios en él; en esto conocemos que permanece en nosotros: por el Espíritu que nos dio» (1 Jn 3,24).

En conclusión, la cuestión central de los discursos es: ¿cómo el Ausente puede estar presente? El autor ofrece su interpretación, compleja y original, de la muerte de Jesús como algo beneficioso. A través de la muerte, el Revelador de Dios y Dios mismo quedan unidos como al principio para siempre (Jn 1,18). Por muerte se abre para los discípulos una nueva vía de relación, más completa que la que se da en el seguimiento terreno, que ahora se describe con un lenguaje de inmanencia recíproca (11,51-52). La muerte de Jesús queda asociada a las mediaciones que aseguran la futura revelación: la derrota del mundo (12,33), el envío del Espíritu (7,39), la Iglesia. De esta forma, la cruz es la condición de posibilidad del conocimiento pleno de la revelación, de la oración como nuevo espacio de relación con el Cristo elevado, de la inmanencia recíproca, del don del

Espíritu, de la tensión entre la alegría y la tristeza, del don de la paz y de la certeza de la victoria.

El Discurso de despedida nos ofrece las experiencias necesarias para creer sin ver la carne de Jesús ni su cuerpo glorioso, pero sí para confesar: «Hemos visto al Señor». Estamos llamados a vivir experiencias espirituales, que nacen del Espíritu. La experiencia espiritual de permanecer en la intimidad con el Señor, la experiencia de la vida comunitaria y la experiencia espiritual de la misión en medio del mundo como testigos de la luz y de la verdad.

Sin estas experiencias somos sarmientos que no dan fruto, porque el fruto que Dios pide es que le conozcamos y permanezcamos en él, que nos amemos en él, que sirvamos en él y con él. Estas tres experiencias son la forma que Juan tiene de traducir el dicho de Jesús: «Buscad el reino de Dios y su justicia», lo demás se nos dará por añadidura.

Ahora, los lectores pueden identificarse con los personajes que aparecen en el relato y han alcanzado la fe gracias a un verdadero itinerario pascual: la samaritana, el joven ciego de nacimiento y las hermanas de Lázaro. Estos episodios se pueden leer desde dos puntos de vista, como predicción de lo que ocurrirá en la cruz o como la consecuencia de la muerte y la resurrección de Jesús, apareciendo como un itinerario pospascual para llegar a la fe. Con razón se nos presentan como los prototipos de aquellos que en la Iglesia se acercan al bautismo. Los vamos a leer desde este último punto de vista.

Aclamación

Jesús[6]

Tú eres el Hijo amado del Padre.
Tú eres nuestro Hermano mayor.
Tú eres nuestro Amigo verdadero.

Nosotros ya somos tus hermanos,
pero queremos ser tus amigos.

Danos el Amor de tu Espíritu Santo
que ilumine nuestros ojos para mirarte,
que abra nuestros labios para contarte,
que encienda nuestro corazón para escucharte,
que vacíe nuestras manos para acogerte.

Así haremos un corro de hermanos,
que tenga un solo corazón y un alma sola.

Y saldremos al encuentro de los hermanos pequeños,
que esperan en la noche.

Amén. Aleluya.

---

[6] Poesía inédita de Marcelino Legido, que se puede descargar en
https://marcelinolegido.es/wp-content/uploads/2024/04/JESUS-Tu-
eres._Transcripcion.pdf.

9

EL DON DE DIOS
Jn 4,1-42

El episodio del encuentro con la samaritana se extiende durante tres días, pero mientras que la conversación de la mujer se prolonga a lo largo de varios versículos, los dos últimos días solo ocupan los tres últimos. Asistimos al camino de la fe de la mujer samaritana y al nacimiento a la fe, por su testimonio, de un grupo de personas consideradas heterodoxas.

Jesús sale a los caminos, se adelanta con su gracia (Jn 4,4-6)

Jesús ha llamado la atención de los fariseos debido a su éxito misional y abandona Judea para trasladarse a Galilea. Parece una huida, pero una huida que será fecunda. El narrador nos informa de que Jesús «tenía que atravesar Samaría», pero ese no era el camino habitual para un judío, que evitaba cruzar un territorio que era considerado peor que la tierra pagana. ¿Qué necesidad es esa? Para Jesús, «era necesario» atravesar por Samaría. No una necesidad geográfica, sino del corazón. Para «cumplir la obra del

Padre» (Jn 9,4). Él debía ofrecer su don de salvación a todos, traspasar fronteras, enemistades, muros sociales, políticos y religiosos. El lugar es preciso: «Un pueblo de Samaría llamado Sicar [...] Allí estaba el "pozo de Jacob"». Lugar emblemático para el pueblo de los samaritanos. Allí donde han sacado agua para generaciones de personas y para sus ganados (Gn 33,19; 48,22). A este lugar se acerca Jesús con el deseo y necesidad en su corazón de manifestarse a aquellos alejados del pueblo Israel.

Jesús se presenta cansado del camino, «al mediodía», y se sienta en el brocal del pozo. Una hora de calor y poco propicia para que nadie se acerque a buscar agua, tarea que se hacía de mañana temprano o al atardecer, cuando el calor remite, y varias mujeres juntas, para evitar habladurías y encuentros comprometedores. Es una escena muy bella. Jesús, que está recorriendo aquel territorio, se sienta fatigado y sediento junto a un pozo. También esta sed nos recordará otra «sed» suya (Jn 19,28), en otra «hora sexta» (19,14). Y al revés, aquella nos recuerda esta.

Y se hace peregrino y necesitado de nuestra agua (Jn 4,7-15)

En esto se presenta una mujer –no conocemos su nombre– a buscar agua. A esa hora extraña, cuando las mujeres no suelen salir solas de casa. Y es Jesús el que toma la iniciativa gratuita en el diálogo y se presenta necesitado del agua de aquella mujer, como el que pide, rompiendo toda superioridad y distancia: «Dame de beber». Solos, una mujer y Jesús. Está rompiendo los códigos sociales y religiosos de hablar con una mujer en la calle, junto al pozo, a solas, porque los discípulos habían ido a buscar comida a otro pueblo.

La petición deja pasmada a la mujer. «¿Cómo tú, siendo judío, me pides a mí de beber, que soy de Samaría?». Y el evangelista añade: «Es que los judíos no se trataban con los samaritanos». Aquella mujer solo ve a un hombre judío cualquiera que está cansado y que, extrañamente, le pide de beber.

Pero Jesús le da un vuelco a la objeción de aquella mujer y le dice de manera clara: «Si conocieras el don de Dios y quién soy yo, que te pido de beber, sin duda que tú misma me habrías pedido a mí y yo te daría agua viva». Jesús ha dado un paso más y le señala a aquella mujer otro horizonte que ella desconoce: el «don de Dios», el «agua viva». El que antes ha pedido del agua de aquel pozo, al que iba aquella mujer, ahora se presenta como aquel que tiene y ofrece un «agua viva».

Aquella mujer no entiende estas palabras de Jesús y sigue pensando en el agua del pozo, y le dice: «Señor, el pozo es hondo y no tienes con qué sacarla. ¿Cómo es que tienes esa agua viva? ¿Te crees más que nuestro padre Jacob, que nos dio el pozo, del que bebieron él, sus hijos y sus ganados?». No entiende de lo que Jesús le está hablando. «¿Acaso eres tú superior a Jacob?». Lo de Jacob sí que fue un «don» para muchas generaciones y hasta hoy.

Jesús, poco a poco, va desvelando qué Agua viva tiene. Ahora lo va a hacer en contraposición al pozo de Jacob. Y le dice: «El que bebe de esta agua vuelve a tener sed; pero el que beba del agua que yo le daré nunca más tendrá sed: el agua que yo le daré se convertirá dentro de él en un surtidor de agua que salta hasta la vida eterna». Le revela el Agua que él tiene: el que la beba no tendrá más sed, porque en el sediento se convertirá en una fuente de agua viva que le colmará de vida eterna, invadiendo por entero a aquel que lo beba.

La mujer cambia de tono, de la incredulidad al interés, pero sigue sin entender. Ahora piensa en un «agua mágica», cree que Jesús es un hombre extraordinario y pide: «Señor, dame de esa agua, así no tendré más sed y no tendré que venir a sacarla aquí». Ya no ve a un sediento y cansado, sino a alguien que tiene algo especial, pero aún ignora lo que pide y a quién se lo pide.

¿Qué es «el don de Dios», el «agua viva»? Es el don de la salvación. El Agua que sale del costado abierto de Jesús (Jn 20,22). Es el Espíritu Santo que iban a recibir «los que creyeran en él» (7,39), «el Espíritu de la verdad» (14,17). Dios siempre ha sido la «fuente de agua viva» (Jr 2,13); «Yahvé, manantial de aguas vivas» (Jr 17,13). Para el pueblo de Israel, también la Ley era «agua viva»; la Sabiduría «le da a beber agua de sabiduría» (Eclo 15,3). El agua es el don de los dones mesiánicos futuros (Zac 14,8: Ez 47,1); «correrán las aguas y brotará una fuente del Templo» (Jl 4,18). Esta agua a nosotros nos recuerda nuestro bautismo.

«El último día, el más solemne de la fiesta, Jesús en pie gritó: "El que tenga sed que venga a mí y beba el que cree en mí; como dice la Escritura: 'De sus entrañas manarán ríos de agua viva'". Dijo esto refiriéndose al Espíritu que habían de recibir los que creyeran en él. Todavía no se había dado el Espíritu, porque Jesús no había sido glorificado» (Jn 7,37-39). El don del Espíritu Santo. La salvación.

Se va desvelando como el que puede llenar nuestro corazón sediento (Jn 4,16-19)

Jesús da un giro total a la conversación, introduce un tema sorpresa y le dice de golpe: «Vete, llama a tu marido y vuelve acá». Le habla de su marido y comienza una conversación sobre su vida personal. «No tengo marido», dice ella. Jesús le contesta: «Has tenido cinco y el que tienes ahora no es tu marido. Has dicho la verdad». Sabe que aquella mujer está en una profunda crisis, quiere llevarla al tema de la verdadera sed. Su vida es un cántaro vacío que busca llenarse. Quiere llevarla a la fe, y para ello debe dar un giro definitivo a su vida. Quiere conducirla a la fe en él. Ha buscado el agua en muchas fuentes agrietadas y no le han quitado la sed profunda de su corazón. Ha estado habitada por una sed de vida no satisfecha. ¿No está revelando en ella una precariedad personal, social, religiosa? Una marginalidad. Y, por otra parte, una búsqueda en su corazón. Nos representa muy bien a nosotros, también cántaros vacíos en no pocas ocasiones, que buscamos el agua que no nos sacia. Como a nosotros, quiere llevarla a la verdadera fe y dar un giro definitivo en su vida. Quiere conducirla a él.

Esta interpretación basada en la vida de la mujer y sus búsquedas para llenar el cántaro de su corazón hay que completarla con la de que ella representa al pueblo de Samaría y su situación. Los cinco maridos se refieren a Samaría, que adora a cinco divinidades paganas y se ha prostituido abandonando al Dios verdadero de la alianza (2 Re 17,24-41). Ha ido tras dioses e ídolos falsos. Su cántaro lo ha intentado llenar con cultos paganos y les ha dado su corazón. También nos representa muy bien a nosotros y al mundo, que corremos tras los ídolos falsos a los que hemos entregado el corazón y estamos más sedientos que nunca (Os 9,4-10.15; 3,1-5).

La mujer, dentro de su sorpresa, da un paso más y dice: «Señor, veo que eres un profeta». Un profeta es un enviado de Dios. Ella da un paso más en su fe. De judío cansado pasa a hombre extraordinario, y ahora a profeta.

Con él ha llegado la hora de los «adoradores en espíritu y verdad» (Jn 4,20-26)

Y ahora ella plantea otro tema crucial: ¿dónde encontrar a Dios?, ¿cuál es el lugar verdadero de la adoración, Jerusalén o Garizín? La respuesta de Jesús es muy elaborada y muy rica de contenido: «Créeme, mujer: se acerca la hora en que ni en este monte ni en Jerusalén adoraréis al Padre. Pero se acerca la hora, ya está aquí, en que los verdaderos adoradores adorarán al Padre en espíritu y verdad, porque el Padre desea que lo adoren así. Dios es espíritu, y los que lo adoran deben hacerlo en espíritu y verdad».

Con esta respuesta la invita a que abandone las discordias del pasado y del presente en torno al lugar de oración y se abra a la novedad que llega: «Se acerca la hora, ya está aquí, en que ni en este monte ni en Jerusalén». ¿A qué hora se refiere? ¿Qué está llegando? Es la hora de la nueva manifestación de Dios en su Hijo Jesús, el «nuevo Templo» (Jn 2,21) en el que se manifiesta y se ve la gloria de Dios. Jesús le revela a la mujer que estamos en un tiempo nuevo con su venida, y que en adelante habrá que adorar al Padre en Espíritu, es decir, en una oración que el mismo Espíritu suscitará en el corazón del creyente en el tiempo pospascual.

El tema de los santuarios pasa a ser una cuestión antigua, ha llegado la hora, «ya está aquí», de una nueva adoración relacionada con Jesús. La verdadera adoración solo será posible «en el Espíritu». Su mismo cuerpo glorioso será el verdadero templo santo de Dios (Jn 2,21), en él tiene lugar el verdadero culto. El culto nuevo está dirigido al Padre. Por él somos amados y elegidos los hijos de Dios. El nuevo culto estará sostenido por una nueva comunidad –cada uno debe abandonar sus *capillitas*–, que son los hijos reunidos por el Hijo de Dios, que ha venido a reunir a todos los hijos dispersos (Jn 10,16; 11,52).

La mujer no entiende todavía las palabras de Jesús, y le dice que sabe «que va a venir el Mesías y lo revelará todo». A lo que Jesús le responde revelando su identidad: «Yo soy, el que está hablado contigo». Le comunica abiertamente a aquella mujer que él es el agua viva, el don de Dios, el «lugar» del nuevo culto.

Se desvela el misterio de Jesús: «Mi alimento es hacer la voluntad del Padre» (Jn 4,31-38)

La mujer sale corriendo al llegar los discípulos. Una huida que también será fructífera. Estos se extrañan de que Jesús haya roto la norma social de hablar con una mujer en la calle, pero no se lo dicen. La mujer «deja el cántaro» –hecho lleno de simbolismo: es su pasado– y corre al pueblo a decirles: «Venid a ver un hombre que me ha dicho todo lo que he hecho». La samaritana se convierte en anunciadora, todavía sin saber muy bien de quién. Y se hace una pregunta: «¿No será el Mesías?». Pero su invitación tiene mucha resonancia en el evangelio: «Venid a ver...». Recuerda el primer «venid y lo veréis...» (Jn 1,39.46). Y ellos se ponen en marcha y se encaminan hacia él. Su testimonio es escuchado. Mientras los samaritanos se están acercando desde la ciudad hasta el pozo, los discípulos dialogan con Jesús. Los discípulos le insisten en que coma, pero él les va a hablar de otra comida, de otro alimento que ellos no conocen. Así dice, en el v. 34, uno de los textos clave de este pasaje: «Mi alimento es hacer la voluntad del Padre, del que me ha enviado, y llevar a cabo su obra».

Jesús les muestra que ya ha llegado el tiempo de la siega, de recoger los frutos que Dios ha sembrado por medio de Jesús, algo que se cumple cuando los samaritanos llegan a él y le piden que permanezca con ellos. Los samaritanos son la primicia de esta cosecha que, a través de la fe, está dispuesta para la siega mesiánica: «Fijaos, los sembrados ya están maduros para la recolección». Así será la misión del futuro. Jesús la ha comenzado ya y así se lo indica a los discípulos, en los que se dibujan los discípulos pascuales que están disfrutando los frutos de la muerte y resurrección de Jesús en los grupos cristianos. Y se confirma con los últimos versos del relato, porque los samaritanos han alcanzado la fe por las palabras de Jesús, no porque le hayan visto.

El Salvador del mundo (Jn 4,39-42)

Los samaritanos creyeron por las palabras de la mujer. Pero, cuando llegó Jesús a ellos, es «en él» en quien van a creer por sus palabras. «Le rogaron que se quedara con ellos». Nos recuerda al capítulo 15, «permaneced en Jesús». La fe nace de una relación profunda con el Señor y de permanecer en él, para «creer por sus palabras». Desde esta relación con Jesús le pueden decir a la mujer: «Ya no creemos por tus palabras, pues nosotros mismos hemos oído y sabemos que este es verdaderamente el Salvador del mundo».

Este es el vértice de este encuentro, la aclamación que pone punto final al encuentro: «Es el Salvador del mundo». Hasta aquí ha sido «un itinerario de fe» de la samaritana, que ha pasado de encontrarse con «un judío cansado y sediento» a reconocer al Salvador del mundo. Con esta confesión de fe se alcanza e instaura la universalidad de la de fe en Jesús. Ni Jerusalén ni Garizín son los lugares del culto, sino el mundo, el cosmos entero. Su salvación es universal, para todos. Y por eso es el comienzo de una «nueva siega»: ha comenzado la misión universal para todos los pueblos, misión que es sin duda pospascual.

Aclamación

Oh Dios, que nos enviaste como Salvador
a tu Hijo,
concede a los que desean agua viva,
como la samaritana,
que, convertidos como ella
por la palabra del Señor,
puedan andar el camino de la salvación.

Señor Jesús, tú eres la fuente
a la que acuden los sedientos
y el Maestro al que buscan.
Ante ti, que eres el único santo,
confiadamente abren sus corazones,
descubren sus heridas más íntimas.
Líbrales, pues, bondadosamente de sus flaquezas,
cura su enfermedad,
sacia su sed
y otórgales la paz.

Por el Espíritu Santo
muestra el camino a tus elegidos,
para que, caminando hacia el Padre,
le adoren en la verdad.
Tú que vives y reinas por los siglos de los siglos.

(Adaptación de la oración
del primer escrutinio del RICA.)

10

MANTENERSE EN LA LUZ
Jn 9

La llegada a la fe pascual se realiza por medio de un itinerario sostenido por el esfuerzo de mantenerse en la luz en medio de las tinieblas del mundo. Es el signo del ciego de nacimiento: Jn 9,1-41. El «signo» es la historia de un hombre ciego de nacimiento que se encuentra con la luz de Jesús y, en lucha con las tinieblas, va abriendo los ojos a la luz de la fe hasta que se postra ante él en una confesión radical y absoluta. En este ciego podemos ver a todo hombre y a toda la humanidad. Es símbolo de la existencia humana, nacida en las tinieblas del pecado y el prototipo de los creyentes de todos los tiempos. Jesús solo aparece al principio y al final del proceso, el hombre ciego tiene que llegar a la fe «sin verlo».

Desde el momento en que recobra la vista se inicia para ese ciego, que comienza a ver, una lucha, un combate contra las tinieblas que no conocen o quieren apagar la luz. Los vecinos, los familiares y los dirigentes judíos dialogan sobre tres cuestiones principales: ¿quién es este ciego? (vv. 8-9); ¿cómo se le han abierto los ojos? (vv. 10-11); ¿quién es el artífice de que haya recobrado la vista? (v. 12). Esta última pregunta es la clave de todos los diálogos y la gran cuestión del relato. Quién es Jesús: su identidad, que solo se revelará al final.

El que me siga no caminará en la oscuridad, sino que tendrá la luz de la vida (Jn 8,12)

Es la mirada de Jesús la que pone en marcha todo el camino. Mientras los discípulos ven en el ciego la consecuencia de un pecado propio o ajeno, Jesús ve un hombre oprimido por la oscuridad en el que Dios va a manifestar su gloria, porque solo Dios puede devolver la vista a un ciego de nacimiento.

Jesús, que es la luz del mundo, le devuelve la vista haciendo barro con su propia saliva, que unta en sus ojos, y le manda ir a lavarse a la fuente del Enviado (Siloé). El ciego, sin ver, obedece la palabra de Jesús y vuelve viendo, con los ojos abiertos. Es el hombre nuevo que surge de la Pascua. Las tinieblas someten a este hombre que ve a un juicio, en un proceso lleno de sospechas, interrogatorios y testigos. Es algo que en la vida de fe siempre sucede: esta se abre paso en combate, en medio de dificultades e incomprensiones. El caso del ciego de nacimiento ilumina la situación de la fe en nuestro mundo, en la que hay que superar, en no pocas ocasiones, la noche, las presiones y todos los miedos para vivir como creyentes.

Un joven sin luz en sus ojos que, incomprendido, anda solo el camino de la vida, encuentra a Jesús, el Hombre (Jn 9,11)

De inmediato se debe enfrentar al escrutinio del mundo, que está representado en los distintos personajes que aparecen en el episodio: los vecinos, las autoridades, hasta sus propios padres. Los diálogos y los interrogatorios confirman el milagro y se convierten en un debate sobre Jesús, que ha desaparecido de la escena.

El mundo, en primer lugar, quiere negar la realidad que se presenta delante de él: «¿Es él?». Los vecinos no son capaces de reconocerlo y el hombre reivindica su propia identidad: «Soy yo». No es el ciego que pide limosna porque alguien pecó, sino que es alguien que quiere ser reconocido más allá de su situación. Jesús, «Yo soy», le ha devuelto la dignidad que el hombre reivindica frente al mundo que le tenía encasillado. Es el primer paso de su camino hasta la fe como un hombre solo que es incomprendido y no reconocido.

Los vecinos le conducen a los fariseos, que, tras el testimonio del hombre, «un hombre hizo barro», se encuentran en un dilema. Jesús ha roto la Ley haciendo barro en sábado, por lo que es un pecador; pero, al mismo tiempo, ha curado una enfermedad incurable para los hombres, que solo Dios puede curar. La actuación de Jesús cuestiona las creencias y tradiciones más arraigadas. Los judíos vuelven a preguntar al ciego para desentrañar el misterio. El hombre da un paso más: es un enviado de Dios, es un profeta. Las autoridades no pueden aceptar tal identificación y ahora buscan desacreditar al ciego para desacreditar a Jesús. Ponen en cuestión la identidad del ciego, la existencia de su mal y la forma de producirse el milagro. Para ello llaman a los padres: ¿es vuestro hijo?, ¿estaba ciego?, ¿por qué ahora ve? Los padres, por miedo a las represalias del mundo, abandonan a su hijo a su suerte. Un hombre con un poco de luz en los ojos, incomprendido y abandonado por los suyos, camina solo.

Un joven con algo de luz en sus ojos que, rechazado, vive fuera de su antigua comunidad, descubre a Jesús, el Profeta (Jn 9,17)

Ahora los fariseos no se contentan con desacreditar al ciego, sino que le acusan de pecador. Le conminan a testimoniar contra Jesús. «Da gloria a Dios», en los labios de los fariseos, es una forma penitencial para conminarle a que dé testimonio contra Jesús, aquel que sí muestra la gloria de Dios. De nuevo la paradoja de Juan. Justamente, el que era ciego da gloria a Dios testimoniando a Jesús. El hombre no solo confiesa su ignorancia sobre las leyes y su casuística, sino que se remite a su experiencia personal, que le impulsa a «pro-vocar» a los judíos discípulos de Moisés para hacerse discípulos del hombre que le ha curado. Las autoridades rechazan a Jesús en nombre de la Ley de Moisés. Y, paradójicamente, el ciego se convierte en el portavoz de la verdadera tradición mosaica: Jesús es inocente, porque ha hecho un milagro, por lo que Dios está con él. El hombre es condenado y expulsado como pecador y blasfemo. ¡Qué bien se vislumbran las tinieblas del mundo y sus oscuridades en esta lucha del ciego y en el comportamiento de estos personajes! La indiferencia de algunos, la hostilidad ante la luz nueva y desconocida que se abre paso y no se sabe de dónde viene, el miedo a sufrir la presión social..., son las tinieblas que quieren ahogar la luz recién aparecida. Estamos en otra etapa: la del hombre con la mirada de un discípulo que camina solo por el mundo, incomprendido, abandonado y excluido.

Un joven con luz plena en sus ojos que, recreado, se incorpora a una nueva familia, adora a Jesús, el Señor (Jn 9,36-39)

Es ahora cuando Jesús reaparece y se hace el encontradizo con él. Jesús, «que ha venido para que nadie se pierda» (Jn 6,39), y que a cuantos pertenecen a su rebaño los conoce por su nombre (cf. 10,3), le reencuentra. Otra vez la iniciativa es suya, la gracia se adelanta y se hace visible a sus ojos. No lo deja en la soledad, quiere concederle un don mayor: la luz de la fe. Y al encontrarlo le hace una pregunta: «¿Tú crees en el Hijo del hombre?». El Hijo del hombre es el juez que ha de venir, y, cuando venga, «atraerá a todos hacia él» (12,32). El ciego es interrogado ahora por el verdadero juez. Y responde: «¿Quién es, Señor, para que crea en él?»; «Lo estás viendo. El que te está hablando». Y surge, como gracia, la confesión de fe con la postración: «Creo, Señor». Ante la pregunta del nuevo discípulo, Jesús se revela como tal y el hombre alcanza la fe y le adora, en espíritu y verdad. Esta confesión de fe es una adoración al verdadero «templo de Dios» (2,21). El ciego expulsado de la sinagoga encuentra en Jesús la nueva comunidad de los que adoran al Padre «en espíritu y verdad» (4,23). No solo es un hombre nuevo por la fe encendida en sus ojos y su corazón, sino que es miembro de la comunidad mesiánica que el Señor va haciendo con aquellos que incorpora a él. En el final del camino encontramos a un hombre con luz plena en sus ojos que, recreado, se incorpora a una nueva familia al descubrir a Jesús, el Señor. Es el paso de la sinagoga judía a la nueva fraternidad que seguirá los pasos del Buen Pastor (Jn 10), que va reuniendo a los «hijos dispersos» (11,52).

Los vecinos no captan lo que ha sucedido, solo ven a un mendigo que ahora ve. El poder y el saber de los religiosos oficiales, fariseos, y los dirigentes judíos, no pueden entenderlo, solo ven una transgresión de la ley del sábado y que el signo no puede venir de Dios, pues su autor «es un pecador» (v. 24). Se ofuscan cada vez más. Los familiares tienen miedo a las represalias de los judíos y no quieren saber nada.

Pero, paralelo a esto, el que recobra la vista va haciendo un itinerario de fe precioso. Paso a paso va descubriendo el camino que lleva de las tinieblas a la luz. En primer lugar, a la pregunta de «¿quién te ha abierto los ojos?», él, progresivamente, de manera sencilla, va manifestando sus descubrimientos y sus avances en la fe. Primero dice que «un hombre llamado Jesús» (v. 11); más adelante le llama «profeta» (v. 17); en su evolución llega a declarar que es un «hombre de Dios» (v. 33). Es un proceso catecumenal, de iniciación a la fe. Ir descubriendo paulatinamente quién es Jesús para nuestra vida.

El capítulo se cierra con una polémica directa entre Jesús y los judíos en torno al «ver», «no ver», «estar ciego». Jesús es la luz del mundo, y ante él se decide pasar a la luz o permanecer en las tinieblas: «La Palabra es la luz verdadera que alumbra a todo hombre cuando viene a este mundo» (Jn 1,9). «Él era la luz verdadera que, viniendo al mundo, ilumina a todo hombre. Estaba en el mundo y el mundo fue hecho por él y el mundo no la conoció. Vino a los suyos y los suyos no lo recibieron» (1,9-11). Ante Jesús se cambia la suerte y el destino de las personas: los ciegos ven y los que ven se convierten en ciegos, en los peores ciegos, «aquellos que no quieren ver». Para un juicio ha venido a este mundo Jesús, según sus palabras finales (vv. 39-41). Los que «no ven» y aceptan su ceguera; los humildes, los pequeños, los representados por el mendigo y ciego de nacimiento, llegarán a la Luz de la vida. Los que «creen que ven», y no necesitan luz, porque se ven autosuficientes y seguros de sí mismos, no alcanzarán la luz. «Si fueseis ciegos, no seríais culpables; pero como decís que veis, seguís viviendo en pecado» (v. 41). Hay que elegir qué se quiere ser, si de los humildes y mendigos de una «fe suplicada» o de los egocéntricos que creen ver por sus propios ojos con una «fe autocomplaciente». Una vez más, las tinieblas no acogieron la luz (cf. 1,5.11). «Para un juicio he venido a este mundo [...] para que los que no ven vean; y los que dicen ver se vuelvan ciegos» (v. 39).

Aclamación

Padre clementísimo,
que concediste al ciego de nacimiento
que creyera en tu Hijo,
y que por esta fe alcanzara la luz de tu Reino,
haz que nos veamos libres
de los engaños que nos ciegan
y concédenos que,
firmemente arraigados en la verdad,
nos transformemos en hijos de la luz.

Señor Jesús, luz verdadera
que ilumina a todo hombre,
libra por el Espíritu de la verdad
a todos los oprimidos bajo el yugo del Padre
de la mentira
a fin de que, disfrutando del gozo de tu luz,
como el ciego que recobró de tu mano la claridad,
lleguen a ser testigos firmes y valientes de la fe.

*(Adaptación de la oración del segundo escrutinio
del RICA.)*

11

DE LA MUERTE A LA VIDA, DE LA TRISTEZA A LA ALEGRÍA
Jn 11,1-43; 12-1-10

Marta, María y Lázaro son amigos del Señor, creen en Jesús y le han acogido en casa a menudo. Lázaro, amigo a quien Jesús quería, está enfermo. Cuando es llamado para que acuda a socorrer a su amigo, Jesús no hace caso, porque es él quien decide en su vida de acuerdo con la voluntad del Padre. Es cuando dice «vayamos a Judea» (Jn 11,7), cuando toma la decisión de ir a ponerse en las manos de los hombres y del Padre para dar su vida. Y a este «éxodo», «salida», están invitados los discípulos. Pero estos no quieren, pues Judea es el lugar del sufrimiento y de la entrega.

La muerte de Lázaro va a servir para mostrar que detrás de la entrega y de la muerte en cruz está la Vida. Es una anticipación de la Pascua. Solo Tomás parece entender algo de este viaje a Judea, y dice a los demás: «Vayamos también nosotros a morir con él» (Jn 11,16). El camino que Jesús emprende a Jerusalén, donde le espera la cruz, es el camino de seguimiento que todo discípulo tiene que hacer, para seguir sus mismas huellas y compartir su destino, que ahora sí es posible.

Al llegar a Betania, Jesús se encontrará con sus amigas Marta y María, que alcanzarán la misma fe por dos caminos distintos.

El camino de fe de Marta (Jn 11,17-27)

Jesús llega a Betania y Lázaro lleva ya cuatro días enterrado. El tiempo transcurrido asegura la realidad innegable de la muerte del amigo. La presencia de muchos judíos denotaba que los ritos de duelo y acompañamiento a la familia ya habían comenzado.

Al enterarse Marta de que Jesús había llegado, «sale a su encuentro», mientras María «se quedó en casa». Marta comienza mostrando su tristeza, pero revela muy bien su fe inicial en Jesús: «Señor, si hubieras estado aquí, no habría muerto mi hermano. Pero sé que Dios te concederá cuanto le pidas» (Jn 11,21-22). Muestra una confianza grande en el Maestro, pero se apoya principalmente en su capacidad para realizar los milagros, los hechos extraordinarios y la intercesión ante el Padre. Es la fe en su poder y en la eficacia de la oración del Señor. Es una fe todavía imperfecta, pero grande en el poder de Jesús.

Por eso Jesús quiere conducirla a dar un paso más por pura gracia, le va llevando, y ella también es dócil al siguiente tramo del camino de la fe. Le dice: «Tu hermano resucitará». Y ella contesta: «Sé que resucitará en el último día». Es una esperanza difusa en el futuro lejano, en el final de los tiempos. Era la concepción de los fariseos, esperar la resurrección al final de la historia. Jesús la lleva más adelante, más adentro. Podría ser nuestra clásica expresión «algo habrá».

Jesús afirma: «Yo soy la resurrección y la vida. El que cree en mí, aunque muera, vivirá; y todo el que vive y cree en mí no morirá jamás. ¿Crees esto?» (Jn 11,25-26). Jesús, por pura gracia, se manifiesta como don presente ya, que se puede recibir aquí y ahora por la fe. Él es la fuente de la resurrección y de la vida en el presente. Para los que acogen este don de fe se hace operante ya desde ahora la vida en plenitud. El que cree en Jesús, aunque muera, tendrá la vida eterna; y viviendo, si se cree en él, no morirá para siempre. El «no morirá jamás» significa que la vida eterna recibida en la fe previene al creyente de la muerte para siempre. «¿Crees esto?», pregunta Jesús a Marta. «Sí, Señor, yo creo que tú eres el Cristo, el Hijo de Dios, el que iba a venir al mundo» (v. 27). Es la confesión de fe como final de un camino y recorrido de la fe. Ya no se apoya en el Jesús de los milagros, sino en su identidad de Mesías e Hijo de Dios.

El camino de fe de María (Jn 11,28-37)

Jesús se encuentra ahora con María. Esta también le hace una recriminación: «Si hubieras estado aquí,

Señor, no habría muerto mi hermano». María también hace su proceso de fe en el Señor. Su prontitud ante la indicación de su hermana y la adoración muestran una confianza ante Jesús y una esperanza puesta en él.

La tristeza de María lleva a Jesús a «conmoverse» (Jn 11,33), una conducta indigna para un varón, que no debe mostrar sus emociones en público. La muerte y su poder, fruto del pecado, alcanza lo profundo de su corazón. La muerte aniquila la obra del Padre y envuelve en sus redes al hombre y a la humanidad, algo que turba profundamente a Jesús.

Tenemos que dar un salto en el relato para contemplar el final del itinerario de fe de María, un salto que el narrador hábilmente nos ha anunciado al iniciar el capítulo 11: «María era la que ungió al Señor con perfume y le enjugó los pies con su cabellera». En su relato, el narrador nos informa de algo que aún no ha sucedido como algo pasado, la unción de Jesús. Es en esa escena del capítulo 12,1-11 donde encontramos la fe de María de Betania.

Las acciones de María son sorprendentes de principio a fin. María unge los pies de Jesús y no su cabeza, como sería propio de la unción de un rey; usa una cantidad disparatada de un perfume carísimo para una acción muy humilde; seca los pies de Jesús soltándose su propio cabello en público, algo escandaloso en esa época. Sus gestos son objeto de crítica por parte de todos los discípulos, siendo Judas Iscariote su portavoz. Jesús interpreta el gesto de María como un gesto de amor agradecido, como anticipo de su sepultura. La mujer de Betania, con este gesto funerario según Jesús, acepta la entrega y el destino de Jesús que pasa por la cruz. María renuncia a un Mesías glorioso y acepta que Jesús es la resurrección y la vida que atraviesa la muerte, acepta con fe que Jesús no morirá para siempre y que vive; por eso, al contrario de la muerte de Lázaro, que extendía el olor de la descomposición, la muerte de Jesús extenderá el buen olor de la Vida. María realiza un gesto «extra-ordinario» de amor y de fe que Jesús adoptará como gesto ordinario de amor entre sus discípulos (Jn 13).

«Para que crean que tú me has enviado». La victoria sobre la muerte (Jn 11,38-45)

Volvamos ahora al sepulcro unos días antes. «¿Dónde lo habéis puesto?», la pregunta de Jesús sirve para acercarse de cerca a la muerte y llorar por su amigo Lázaro, en una de las imágenes más impactantes del Señor. Y de nuevo aparecen las reservas ante el «poder» de los milagros de Jesús con este reproche que expresa la incredulidad de los judíos: «Este que abrió los ojos al ciego, ¿no podía haber hecho que este no muriera?». Suponen a Jesús impotente frente al poder de la muerte. Esta «sospecha» sobre la fuerza del Maestro a propósito de la muerte nos acerca al final del relato, donde se ofrece su culmen.

El acercamiento de Jesús hasta aquí ha sido lento. Ha llegado desde el otro lado del Jordán (Jn 10,40), espera dos días desde que conoce la noticia de la enfermedad de su amigo (11,6) para ponerse en camino hacia Betania (11,17-18), se queda a la entrada de la aldea (11,30) y ahora va al sepulcro.

La nueva objeción de Marta, «ya huele, es el cuarto día», sirve para que el milagro sea más significativo y para que la Vida de Jesús resplandezca con más fuerza. Y, sobre todo, para que Jesús, de nuevo, haga mención de la «gloria de Dios» que se va a manifestar. El don escatológico, la donación de la salvación por parte del Padre en su Hijo.

Es central la oración de Jesús ante el sepulcro. Aquí descubrimos verdaderamente cómo podemos orar en su nombre: una acción de gracias confiada en el poder del amor del Padre. Esta oración revela, como en todo el evangelio, la relación íntima entre el Padre y el Hijo. El milagro tiene la función de que «crean que él es el enviado» y así alcanzar la vida eterna. El evangelio entero ha sido escrito para «que creyendo tengáis vida en su nombre» (Jn 20,30). «Esta es la vida eterna: que te conozcan a ti, el único Dios verdadero, y al que tú has enviado, Jesucristo» (17,3). La vida eterna no se alcanza solo al final de los tiempos, sino ahora, creyendo en Jesús como enviado del Padre.

La voz de Jesús, «Lázaro, sal fuera», recuerda la fuerza creadora de la Palabra, «hágase la luz» (Gn 1,3). El paralelo más importante de esta escena se da en las palabras de Jesús en Jn 5,24-29: «Llega la hora en que todos los que estén en los sepulcros oirán su voz» (v. 28). La escena evoca la misma sepultura y resurrección del propio Jesús (20,1-10). La ida al sepulcro, los discípulos-mujeres, la descripción de la tumba. Retirar la piedra recuerda la piedra retirada del propio sepulcro de Jesús, las vendas, el sudario... Todo es una referencia a la luz de la Pascua. Es un anticipo de la gloria que un día alcanzará Jesús con su vuelta definitiva al Padre.

El final es lo que realmente persigue este signo: «Muchos de los judíos que habían venido a casa de María, viendo lo que había hecho, creyeron en él» (Jn 11,45). Esto va a desencadenar una escalada de rechazo. Es la tensión permanente del evangelio de Juan: unos van a la luz, otros se adentran más en las tinieblas.

Aclamación

Oh, Padre de la vida eterna,
que no eres Dios de muertos, sino de vivos,
y que enviaste a tu Hijo como mensajero de la vida,
para arrancar a los hombres del reino de la muerte
y conducirlos a la resurrección,
líbranos del poder del espíritu de este mundo
que arrastra a la muerte,

para que podamos recibir
la nueva vida de Cristo resucitado
y dar testimonio de ella.
Señor Jesús,
que, resucitando a Lázaro de la muerte,
significaste que venías para que los hombres
tuvieran vida abundante,
comunícanos por tu Espíritu vivificador
la fe, la esperanza y la caridad,
para que, viviendo siempre contigo,
participemos de la gloria de tu resurrección.

(Adaptación de la oración del tercer escrutinio del RICA.)

12

EMBARCADOS EN LA TRAVESÍA DE LA NOCHE
Jn 21,1-14

A diferencia de los evangelios sinópticos, en el evangelio de Juan el ministerio de Jesús se realiza «tierra adentro». En los sinópticos, el lago de Galilea, los traslados en barca de una orilla a otra, el oficio de pescadores de los discípulos, tienen cierta relevancia, hasta el punto de que su nuevo encargo es descrito como «pescadores de hombres». Sin embargo, en Juan solo hay dos episodios en el lago, y no nos enteramos de que Pedro era pescador hasta el capítulo 21.

Los dos episodios en el lago se producen al final de la multiplicación de los panes, antes de su muerte (Jn 6), y tras su muerte en la aparición de Jesús en la orilla del lago. Ambos episodios tienen varios puntos en común. Los dos ocurren en la noche o, mejor, avanzada la noche, cerca de despuntar el día; en ninguno de ellos Jesús está en la barca con los discípulos; más que milagros son teofanías, revelaciones de la identidad de Jesús. Ni tan siquiera la abundante pesca del último capítulo, porque Jesús no atrae a los peces a la red, no echa él las redes. En el episodio del camino sobre las aguas, los discípulos no piden que les socorra ni el viento amaina. Estos dos relatos debemos leerlos, los dos, como reflejo del tiempo pospascual en los grupos joánicos, que andan embarcados en su travesía por el mundo y por la historia, experimentando la tentación de la decepción y el abandono.

La travesía de la decepción

El final de la multiplicación de los panes es misterioso. Debemos leer atentamente para entender lo que allí ocurrió: «La gente, entonces, al ver el signo que había hecho, decía: "Este es verdaderamente el Profeta que va a venir al mundo". Jesús, sabiendo que iban a llevárselo para proclamarlo rey, se retiró otra vez a la montaña él solo» (Jn 6,14).

La gente saciada pretende tomar a Jesús para proclamarlo rey. Ante esta situación, Jesús huye y escapa a lo alto del monte él solo. ¿Y los discípulos? Los discípulos no le acompañan. Pasado un poco de tiempo, al atardecer, bajaron a la orilla del mar y se embarcaron ellos solos. «Al oscurecer, los discípulos de Jesús bajaron al mar, embarcaron y empezaron la travesía hacia Cafarnaún». Abandonan el lugar y abandonan a Jesús. ¿Por qué no han subido con Jesús al monte? ¿Por qué se van sin él?

El evangelio de Marcos puede ayudarnos a esclarecer algo el episodio: «Enseguida apremió a los discípulos a que subieran a la barca y se le adelantaran hacia la orilla de Betsaida, mientras él despedía a la gente. Y después de despedirse de ellos se retiró al monte a orar» (Mc 6,45-46).

Ambos relatos coinciden en que Jesús sube al monte solo y en que los discípulos embarcan hacia Cafarnaún. Antes, Jesús les ha obligado a subir a la barca y salir de allí. Después él despide a la gente. No parece descabellado imaginar que, al igual que en Juan, en Marcos, la muchedumbre quería hacer rey a Jesús y los discípulos también, e incluso no sería extraño que estos pudiesen encabezar el intento. Por eso Jesús les obliga a embarcar, seguramente a regañadientes, y él despide o huye de la gente. Es decir, huye de todos y estos, decepcionados, se van yendo. La clave es la decepción.

Marcos ha dejado muy claras en su evangelio las pretensiones de los discípulos de alcanzar puestos relevantes entre ellos (Mc 9,33) y de reinar junto a Jesús (10,35-45). Unas pretensiones que en el libro de los Hechos aún se mantenían tras la muerte de Jesús (Hch 1,6-8).

Volvamos al relato de Juan. Decepcionados, los discípulos atraviesan el lago a oscuras y con un violento viento contrario. En esa situación aparece Jesús, que viene desde más arriba, de la montaña, de la intimidad del Padre; desde más atrás, desde el inicio de la historia de la salvación, y camina más adelante, hacia el Padre. Al llegar a la altura de la barca se manifiesta a sí mismo: «Soy yo, no tengáis miedo». El que ha renunciado a ser rey es el que ostenta el poder divino sobre los elementos de la naturaleza y sobre el caos y el mal, cuyo símbolo es el mar. Los discípulos quieren recogerlo, rescatarlo y subirlo a su barca, pero no pueden, como no se puede retener al Resucitado. Jesús no sube a la barca de la decepción, los caminos de Dios no son nuestros caminos. Jesús no se deja embarcar en nuestros proyectos, ni en nuestras actividades, ni en nuestros planes, que demasiadas veces responden a la decepción y no son los suyos. «Porque mis planes no son vuestros planes, vuestros caminos no son mis caminos –oráculo del Señor–. Cuanto dista el cielo de la tierra, así distan mis caminos de los vuestros, y mis planes de vuestros planes» (Is 55,8-9).

Jesús va más adelante, él es el camino, y al llegar a Cafarnaún mostrará, a sus discípulos y a aquellos que van buscando el pan, el verdadero camino de su vida: dar su vida para que otros tengan vida: «El pan que yo os daré es mi carne para la vida del mundo». Esta es la oferta de Jesús a los hombres, algo que resulta intolerable y escandaloso para algunos de sus discípulos, y los decepciona aún más. «Muchos de sus discípulos, al oírlo, dijeron: "Este modo de hablar es duro, ¿quién puede hacerle caso?" Desde entonces, muchos discípulos suyos se echaron atrás y no volvieron a ir con él» (Jn 6,60.66).

Solo un puñado de ellos descubren en su declaración palabras de vida eterna, y aun así con dificultad.

Entonces Jesús les dijo a los Doce: «¿También vosotros queréis marcharos?». Simón Pedro le contestó: «Señor, ¿a quién vamos a acudir? Tú tienes palabras de vida eterna; nosotros creemos y sabemos que tú eres el Santo de Dios». Jesús le contestó: «¿Acaso no os he escogido yo a vosotros, los Doce? Y uno de vosotros es un diablo». Lo decía por Judas, el hijo de Simón Iscariote, pues este lo iba a entregar, uno de los Doce (Jn 6,67-71).

La travesía del abandono

El capítulo 21 es un verdadero epílogo del evangelio, y como todo epílogo refleja una situación posterior a lo que narra el relato. Mucho se ha escrito sobre el carácter de este episodio. Pero aquí lo que nos interesa es la aparición del Resucitado a orillas del lago.

El autor se hace eco de la primera llamada de los discípulos en Lucas por medio de una pesca milagrosa (Lc 5,1-11) y la convierte en una segunda llamada. También introduce el pescado en la aparición del Resucitado que se recoge en Lucas (cap. 24). El almuerzo preparado por Jesús recuerda la multiplicación de los cinco panes y los dos peces (Jn 6), la sobreabundancia de peces se relaciona con la sobreabundancia de vino en la boda de Caná (2,1-11) y el grupo de discípulos recuerda al primer grupo de seguidores al comienzo del evangelio (1,19ss); allí estaban Pedro, Andrés, Natanael..., a los que se les prometió ver cosas mayores. Ahora también las van a ver.

Este grupo ha estado con Jesús desde el principio y ha compartido con él una gran amistad (Jn 1,39; cap. 15). Pero la muerte de Jesús ha sido un gran escándalo, una gran decepción. La misión encargada por Jesús se hace muy cuesta arriba entre la persecución y la insignificancia. Los grupos joánicos andan divididos y enfrentados entre sí (1 Jn; 2 Jn; 3 Jn). Por eso los discípulos deciden que hay que pisar tierra, curarse del entusiasmo, abandonar el proyecto, volver a los caminos del mundo para situarse lo mejor posible para ir sobreviviendo, para ganarse la vida y no perderla. Hay que enterrar en el fondo del corazón las palabras de Jesús: «El que se ama a sí mismo se pierde, y el que se aborrece a sí mismo en este mundo se guardará para la vida eterna» (Jn 12,25). Toda esta tristeza y todo ese desencanto resuenan en el diálogo de los discípulos.

> Estaban juntos Simón Pedro; Tomás, apodado el Mellizo; Natanael, el de Caná de Galilea; los Zebedeos, y otros dos discípulos suyos. Simón Pedro les dice: «Me voy a pescar». Ellos contestan: «Vamos también nosotros contigo». Salieron y se embarcaron; y aquella noche no cogieron nada (Jn 21,2-3).

El resultado de su abandono es la nada. Jesús ya les había dicho: «Sin mí no podéis hacer nada» (Jn 15,5). Sin él la vida es una tarea infructuosa en la oscuridad. Al amanecer, Jesús se hace presente en la orilla. No lo reconocen. ¿Por qué no lo reconocen? Porque están vueltos sobre sí mismos, están cerrados a todo proyecto nuevo, volcados y ocupados en su propio proyecto, en su propio plan. Por eso no podían reconocerlo. Miran, pero no reconocen, ven y no descubren al Señor. La cruz ha cegado sus ojos, ha endurecido su corazón, para que no vean con los ojos, ni comprendan con su corazón, ni se conviertan, ni el Señor los sane (12,39-40).

Jesús toma la iniciativa para sacarles de esa oscuridad. Lo hace con la apariencia de un compañero de trabajo, otro pescador que se interesa sinceramente y con cariño por la faena de unos compañeros: «Muchachos, ¿tenéis pescado?». Como un consejo del que conoce el oficio, les propone de nuevo echar las redes al otro lado. Y como no tienen nada que perder, porque nada tienen, sencillamente lo hacen. No lo hacen por iniciativa propia, sino por la del desconocido, no confiando en su pericia, sino en una voz amiga.

Tal vez, sin saberlo, esa voz hace que en el fondo de su corazón, bajo las cenizas del desaliento, se encienda el recuerdo de otras palabras que ya han escuchado: «Cuando acabó de hablar, dijo a Simón: "Remad mar adentro y echad vuestras redes para la pesca"» (Lc 5,4). Son las palabras de Jesús, palabras de vida eterna que, como la palabra de Dios, no pueden ser sofocadas tan fácilmente, como confesaba Jeremías en una crisis parecida a la de este puñado de discípulos: «La palabra del Señor me ha servido de oprobio y desprecio a diario. Pensé en olvidarme del asunto, y dije: "No lo recordaré; no volveré a hablar en su nombre"; pero había en mis entrañas como fuego, algo ardiente encerrado en mis huesos. Yo intentaba sofocarlo, y no podía» (Jr 20,8-9).

Al comprobar el resultado, el discípulo al que Jesús quería descifra lo que ha sucedido: «Es el Señor». Al llegar a la orilla se encuentran con un signo que les entra por los ojos: «Ven preparadas unas brasas y un pez sobre ellas y pan», y unas palabras que les vuelven a convocar a la intimidad con él alrededor de una improvisada mesa: «Venid, almorzad», eco de aquella primera invitación: «Venid y lo veréis». La vida sobreabundante de Caná se cumple en la mesa preparada por el Resucitado; la mesa del pan y los peces de Galilea se renueva, y nosotros, como aquel muchacho, podemos poner nuestros esfuerzos, nuestros cinco panes y dos peces, que no dejan de ser don de Dios; la intimidad con el Señor no se ha roto y ahí vemos su gloria (Jn 2,11).

Jesús no nos abandona, aunque nosotros hayamos comenzado la huida. Incluso en nuestra noche más oscura él se hará presente como un amigo en la noche, como una palabra que alumbra, como un anfitrión que nos invita a sentarnos a su mesa, como una familia nueva. Es ahí donde ya no preguntamos nada, porque sabemos que es el Señor.

Aclamación

Quédate con nosotros,
la tarde está cayendo.

¿Cómo te encontraremos
al declinar el día,
si tu camino no es nuestro camino?
Detente con nosotros;
la mesa está servida,
caliente el pan y envejecido el vino.

¿Cómo sabremos que eres
un hombre entre los hombres,
si no compartes nuestra mesa humilde?
Repártenos tu cuerpo,
y el gozo irá alejando
la oscuridad que pesa sobre el hombre.

Vimos romper el día
sobre tu hermoso rostro,
y al sol abrirse paso por tu frente.
Que el viento de la noche
no apague el fuego vivo
que nos dejó tu paso en la mañana.

Arroja en nuestras manos,
tendidas en tu busca,
las ascuas encendidas del Espíritu;
y limpia, en lo más hondo
del corazón del hombre,
tu imagen empañada por la culpa.

13

UN ÚLTIMO SIGNO
Jn 20,30-31

La primera conclusión del evangelio pone un énfasis especial en el carácter escrito:

> Muchos otros signos, que no están escritos en este libro, hizo Jesús a la vista de los discípulos. Estos han sido escritos para que creáis que Jesús es el Mesías, el Hijo de Dios, y para que, creyendo, tengáis vida en su nombre (Jn 20,30-31).

La segunda conclusión subraya que lo escrito es el testimonio del discípulo amado: «Este es el discípulo que da testimonio de todo esto y lo ha escrito; y nosotros sabemos que su testimonio es verdadero» (Jn 21,24).

Sabemos ya que es un testigo fiable, no solo porque tiene el respaldo de un grupo, sino, sobre todo, porque recuerda a Jesús, el Dios Unigénito que está en el seno del Padre. El discípulo ocupa, respecto a Jesús, el mismo lugar que este respecto al Padre (Jn 13,25). Además, es el discípulo que ha visto al Crucificado y da testimonio (19,35-36). Por último, ha sido el primero que ha creído sin ver y del que Jesús afirma que su presencia se puede alargar hasta que él quiera (21,22). No es descabellado pensar que esa presencia permanente es su relato.

Jesús está en el seno del Padre y nos lo ha narrado, su ministerio ha sido un relato sobre Dios. El discípulo amado, que está en el seno de Jesús, ha creado un relato sobre Jesús. Al igual que Isaías, que vio la gloria de Jesús y escribió anunciándolo (Jn 12,41), ahora el discípulo amado lo ha escrito en un libro, para guiar a la audiencia a una relación permanente de fe y confianza en Jesús. Desde este punto de vista, el narrador, al presentar a Jesús como el testigo de Dios, hace que su testimonio genere un relato «de Jesús sobre Dios», que permite a los que han visto a Jesús ver a Dios. Cuando Jesús no está y no es accesible por la mirada, el testimonio del discípulo amado genera un relato «sobre Jesús» que ocupa su lugar, y que por la fe otorga los mismos beneficios (20,30-31) que su presencia (2,11).

La insistencia del narrador en el carácter escrito de esta revelación y el pronombre que señala los signos que están recogidos en el relato –«estos han sido escritos»– invitan a pensar que el libro se presenta como un sustituto de los signos que realizó Jesús en su vida terrena, es decir, de toda su actividad reveladora. De esta forma, los lectores tienen acceso a la vida eterna a través de sus páginas. El relato es designado como un «libro», una obra literaria que se presenta como una verdadera y nueva Escritura, porque da acceso a la fe y contiene la revelación de Dios. Este acceso tiene lugar ahora a través de la relectura de las palabras y los actos de Jesús junto a las Escrituras que él mismo ha llevado a su plenitud (Jn 2,22; 12,16). Ahora esa fe se hace presente en el relato que permite releer las palabras y las acciones de Jesús por medio de un nuevo signo: el relato convertido en un libro de fe. A partir de su lectura, el lector tiene acceso a la fe y a la identidad de Jesús, al igual que los discípulos en su vida terrena.

Este libro nos ha llegado, mayoritariamente, en forma de códice y no de rollo, como era común en el judaísmo para los textos sagrados. Esto es una novedad: los cristianos adoptaron el códice para conservar y transmitir sus escritos más valiosos. Las razones pudieron ser múltiples. Sin duda económicas y también prácticas, a la hora de encontrar textos concretos o llevarlos consigo en los desplazamientos y, por tanto, en los viajes misioneros. Entre todas estas razones tampoco se debe excluir –y puede que sea importante– que utilizasen este formato para diferenciar sus Escrituras de las Escrituras judías, que estaban recogidas en rollos. ¡El signo material que manifiesta la gloria de Jesús, Cristo, Hijo de Dios, es un libro! Estamos ante el testimonio del nacimiento de una nueva Escritura destinada a convertirse en el libro de la fe de los lectores junto con las antiguas Escrituras judías. No se puede encontrar a Dios sino en Jesús, y Jesús no puede ser encontrado sino en el evangelio en cuanto Palabra de Dios.

El evangelio, como todo signo, es ambiguo. Si nos acercamos a él como una biografía de un personaje famoso quedaremos decepcionados y no descubriremos su gloria; si indagamos su calidad artística nos defraudará y no descubriremos al Cristo; si buceamos en él para encontrar pruebas históricas exactas y comprobables no saciaremos nuestra curiosidad ni descubriremos al Hijo de Dios; si lo leemos con espíritu científico, nuestra lectura será infructuosa y no alcanzaremos la vida. Debemos leer el libro como lo que es: un testimonio de fe y en el Espíritu Santo que nos guiará a la verdad completa.

CONCLUSIÓN

Hoy también nosotros podemos confesar y proclamar la Buena y Nueva noticia: ¡hemos visto su gloria!, porque resplandece en los pequeños signos en los que Jesús, el Hijo Amado del Padre, se hace presente. Vemos su gloria en la acción del Paráclito Defensor, que sopla donde quiere y alienta nuestro ser para nacer de nuevo, que ilumina nuestro corazón para que descubramos la esperanza a la que somos llamados, la herencia de gloria que nos otorga ser sus hijos, y el poder de su muerte y resurrección para darnos vida. Un Espíritu que hace del pequeño corro de discípulos una sola cosa en Cristo y con Cristo, para que aparezca el amor de Jesús, para que resplandezca una filiación como la suya, para que se realice una fraternidad nueva, nunca vista, en medio del mundo. El Señor se deja ver en el puñado de discípulos que recorren el Camino, que es Jesús, en medio del mundo, dejando ver el amor de Dios para que todos vayan a la Luz. Porque el amor de Dios al mundo se deja ver y se entrega ahora en esos pequeños discípulos en medio del rechazo, la irrelevancia y la persecución, un amor indefenso, pero siempre ofrecido, siendo testigos de la Verdad, sembrándose como granos de trigo para que brote la Vida.

Dichosos aquellos que, como la samaritana, el ciego de nacimiento, la familia de Betania, los comensales de la pradera de Galilea, recorriendo el itinerario de la fe, han descubierto que Jesús es el Pan vivo de nuestra hambre, el agua viva que sacia nuestra sed, la Luz que disipa nuestras tinieblas, la Vida en medio de nuestra muerte.

En aquella hora se llenó de alegría en el Espíritu Santo y dijo: «Te doy gracias, Padre, Señor del cielo y de la tierra, porque has escondido estas cosas a los sabios y entendidos, y las has revelado a los pequeños. Sí, Padre, porque así te ha parecido bien. Todo me ha sido entregado por mi Padre, y nadie conoce quién es el Hijo sino el Padre, ni quién es el Padre sino el Hijo y aquel a quien el Hijo se lo quiera revelar». Y, volviéndose a sus discípulos, les dijo aparte: «¡Bienaventurados los ojos que ven lo que vosotros veis!» (Lc 10,21-23).

Aclamación

Entregado en el rostro del Siervo obediente[7]

Señor Jesús, alabado y glorificado seas
por siempre.
En el anonadamiento no perdiste tu rostro
de Hijo.
Los pobres, al no abrirse por entero
y darse en gracia,
eran esclavos.

---

[7] M. LEGIDO / E. ARRANZ / R. MARTÍN, *Evangelio a los pobres* II, o. c., p. 110. Se puede descargar gratuitamente en marcelinolegido.es.

Pero tú mantuviste las manos abiertas,
entregado al Padre en favor de los hermanos.
Te proponías arrancar nuestra
desobediencia y ambición
con tu obediencia de inmolación
para alabanza de la gloria.

Tú eres el Hijo del amor,
entregado como Siervo obediente al Padre
apareciste desfigurado en el rostro
de esclavitud de todo hombre.
En tu rostro aparecía el rostro del Padre
y el fuego del Espíritu.

Al aparecer, hecho carne en tu rostro
de pobre crucificado,
todos pudimos contemplar tu gloria,
la gloria del Hijo único y amado del Padre,
lleno de ternura y fidelidad.

Jesús, tú eres el Cristo, tú eres el Señor
para gloria de Dios Padre.

ÍNDICE

Las palabras y los días